Anne-Sophie Monrad
mit Katrin Blum

Fashion Victim
Licht und Schatten des Modelbusiness:
Ein Topmodel berichtet

Anne-Sophie Monrad

FASHION
Victim

Licht und Schatten des Modelbusiness:
Ein Topmodel berichtet

Ausführliche Informationen
über unsere Autorinnen und Autoren
und ihre Bücher finden Sie unter
www.dtv.de

Originalausgabe
© 2020 dtv Verlagsgesellschaft mbH & Co. KG, München
Alle Rechte vorbehalten
Umschlaggestaltung: Katharina Netolitzky unter Verwendung eines
Fotos aus der Fashion Show von Silvio Betterelli, Mailand 2011
Gesetzt aus der Arno Pro
Satz: buxdesign | Karina Wimmer
Repro: Regg Media, München
Druck und Bindung: CPI books GmbH, Leck
Printed in Germany · ISBN 978-3-423-74063-0

Inhaltsverzeichnis

Einleitung	8
1. Tokio I: Prolog	15
2. Flensburg I: »Ich kann das alleine«	18
3. Flensburg II: Der Modelwettbewerb	27
4. Mailand: Kaltes Wasser	41
5. Kristian Schuller: »I'm beautiful, I'm in«	51
6. New York: Die erste Fashion Week	66
7. Wie Konkurrenz das Business befeuert	78
8. Cici: »Ich hatte erbärmliche Tricks auf Lager«	85
9. Tokio II: Himmelhoch jauchzend, zu Tode betrübt	96
10. Wolfgang Joop: »Die Haute Couture hat ihre eigenen Gesetze«	104
11. Erfolgshunger	108
12. Body of my Dreams	134
13. Mathias: Fels in der Brandung	149
14. Payday: Über Geld spricht man nicht	162
Fashion Weeks	164
Promoter I	167
Agenturen und Provisionen	173
Der Preis des Modelns	175

15. Jacob Mohr: »Change has to come from above!«   184
16. Macht und Ohnmacht   202
    - Druck von oben   204
    - Kunst oder Übergriff?   206
    - Dein Körper als Objekt   208
    - Fehlende Kontrolle   212
    - Ambra Gutierrez gegen Harvey Weinstein   214
    - Die Gatekeeper: Agenten und Booker   220
    - Promoter II   222
17. Aktivisten und Allianzen   226
    - Cameron Russell – Model Activist   227
    - Sara Ziff – Model Alliance   237
    - James Scully   244
    - Soziale Medien und Diversity   249
18. Der Weg zu mir zurück   251
19. Brief an eine Unbekannte   266

Quellenverzeichnis   268
Danksagung   270

I know I don't see myself anymore and I'm thinking about food and my body more than other people. But if I see this and I know how fucking hard it is to starv yourself because a person told you, you are going to be the next star and you enjoy that you don't get your period anymore because maybe you get a good show. But you don't know what you are doing to your health it makes me really sad. And I'm disgusted about that one person who is celebrating the tiny clothes and don't even now the way of those girls. Kiss kiss and thank you

#MODELING

After 10 years of modeling I decided to study nutrition. Mostly for me , to learn how to eat. I gained a little bit, nobody is allowed to take my measurements and my personality is stronger than ever . I still don't get my period the natural way. Because I messed up my body. I'm glad you walked for whoever and I know the feeling the rush, but that's the second and you have your body hopefully the whole life.

Einleitung

Mit diesem Instagram-Post beendete ich im September 2018 ein Kapitel meines Lebens, das zehn Jahre zuvor mit einem Traum begonnen hatte. Ich wollte um die Welt reisen, auf Modenschauen laufen, gestylt, fotografiert, berühmt werden, auf Partys gehen, viel Geld verdienen, kurz: Ich wollte ein Model sein.

Mein Traum ging in Erfüllung, ich wurde eines der am besten gebuchten deutschen Models. Nur hatte dieser Traum auch unzählige dunkle Episoden. Es war ein ständiges Auf und Ab. Mal war ich der Star, mal der Loser. Mal war ich Anni, mal »Darling«, mal nur ein Kleiderständer. Mal war ich in Topform, aber meistens »zu dick«. Mal fragte ich mich, wofür ich das alles machte, mal ergab alles Sinn. Mal wollte ich alles hinschmeißen, mal nur noch diese eine Saison mitnehmen, um Geld zu verdienen und noch einmal eine der großen Shows zu laufen.

Ich merkte schnell, was es heißt, ein Model zu sein: Ich musste funktionieren, jederzeit bereit sein – auch nachts. Ich musste Körpermaße haben, die kaum eine erwachsene Frau von Natur aus hat. Alle sagten, ich müsse *in shape* sein, aber keiner sagte mir, wie das ging.

Tokio, New York, London, Mailand, Paris. Ich war nirgends alleine mit meinen Figurproblemen. Wir Models redeten ständig von Diäten. Kein Wunder, wurden wir doch dauernd für unsere Körper kritisiert. Ich zum Beispiel wurde »Fatty« genannt, andere »Fuckface«, meine Beine wurden als »Löwenschenkel« bezeichnet, mir wurde geraten, meinen Hüftspeck absaugen zu lassen, man bot mir Drogen an, damit ich den Hunger nicht mehr spürte. Ich versuchte, stark zu bleiben, die Kritik an meinem Körper nicht persönlich zu nehmen, und fuhr gleichzeitig fort, ihn zu zerstören. Das eigene Körpergefühl überhörte ich, die Stimmen, die riefen, ich sei das perfekte Paket – der Look, die Größe, die Ausstrahlung, die Persönlichkeit und die Figur, so ich denn die richtigen Maße hatte –, waren lauter.

Ich hungerte, machte Sport bis zum Umfallen, wickelte mir Folie um die Beine und Hüfte, weil man damit angeblich das Fett ausschwitzte, trank nur noch Saft, spuckte das Essen nach dem Kauen wieder aus, teilte mir mit einem anderen Model einen Muffin, der ohnehin nur 80 Kalorien hatte.

Es hieß: »Bring your personality«, aber eigentlich wirst du in einen Rahmen gepresst, in den du passen musst. Du musst abliefern. Du musst stark sein, weil es so viele Unsicherheiten, so viel Warterei, so viel Konkurrenz gibt. Das Motto ist: immer lächeln, immer freundlich sein. Wer gekränkt oder abgelehnt wird, geht auf die Toilette und heult dort. Heimlich. Niemals Schwäche zeigen.

In all dieser Zeit hat meine Umgebung meinen psychischen und physischen Zustand geprägt – und zwar nachhaltig. Ich habe nach wie vor Schwierigkeiten, ungezwungen mit Essen umzugehen und mich so zu akzeptieren, wie ich bin. Ich bekam über Jahre hinweg meine Periode nicht. Wer weiß, ob ich je Kinder kriegen kann.

Ich gebe niemandem die Schuld dafür. Ich habe mich freiwillig dafür entschieden, Model zu werden und zehn Jahre lang Model zu bleiben. Keiner setzte mir eine Pistole auf die Brust und zwang mich dazu. Und zweifelsohne hatte ich auch tolle Begegnungen und Momente, die ich weder missen noch in diesem Buch verschweigen möchte.

Doch wo Licht ist, ist auch Schatten. So ist das auch im Mode- und Modelbusiness – und zwar in jedem Department: Agenten, Booker, Fotografen, Stylisten, Make-up-Artists, Art-Direktoren, Casting-Direktoren, Designer und natürlich auch Models, sie alle kämpfen um ihren Platz im Licht, der so winzig ist, als zünde man ein Streichholz in einer Höhle an und alle stürzten sich darauf, um in dessen Licht zu strahlen. Natürlich schaffen es einige – pures Glück spielt hierbei übrigens eine entscheidende Rolle. Und natürlich wollen sie ihren Platz, so lange und gut es geht, verteidigen, was am einfachsten ist, wenn man sich selbst die Nächste ist. In diesem Business geht es um Macht, die als Traum verkauft wird. Wer sie nicht hat, kämpft darum. Wer sie hat, zeigt sie und setzt alles daran, sie zu behalten. Es ist kein Wunder, dass weibliche Models »Mädchen«, »Mädels« oder »Girls« genannt werden. Es klingt nett, macht uns rhetorisch aber klein, ahnungslos und schwach. Dort, im kindlichen Stadium, in dem wir unsere Karrieren häufig beginnen, sollen wir gehalten werden, damit wir mitspielen und nicht aufbegehren.

Ich hatte immer wieder Momente, in denen ich kurz innehielt und alles infrage stellte. Richtig aufgewacht bin ich allerdings spät. Warum? Weil niemand etwas sagt. Weil alle weiter- und weiter- und weitermachen und all das als so normal verkaufen, dass man eher an sich selbst zweifelt als am System. Ich lebte in einer Blase voller Träume und Erwartungen. Der größte dieser Träume war es, einmal für Chanel zu laufen – er ging in Erfüllung. Und nicht nur dieser. Ich arbeitete für viele andere Top-Designer und -Labels, was immer wieder zu Hoch- und Glücksgefühlen führte.

Dann wurden innerhalb kurzer Zeit mein Vater und eine enge Freundin schwer krank. In dieser Zeit lebte ich in Paris, bildete mir ein, glücklich zu sein in meiner Welt, die aus Sport, strenger Ernährung und Geldverdienen bestand. Ich begriff, wie sehr ich mit meinem Körper und meiner Gesundheit spielte und dass ich es selbst in der Hand hatte, mich darum zu kümmern – ein schwer kranker Mensch hat diese Möglichkeit oft nicht mehr.

Ich fragte mich selbst immer öfter, was wirklich wichtig im Leben war und nach dem Sinn von alldem, was ich täglich tat und mir verbat – und entschied mich am Ende für mich, für meine Gesundheit, für mein Leben. Ich begann eine Ausbildung zur Ernährungsberaterin, um zu lernen, wie man richtig isst, was der menschliche Körper braucht und was nicht. Ich warf meine Waage weg und legte das Maßband zu meinem Nähzeug.

In der Vorstellung vieler Menschen haben wir Models vor allem Spaß, werden ständig umsorgt, gestylt, gehen auf Partys, feiern mit Prominenten und fliegen First Class. Ja, das gibt es! Auch! Aber oft nur ganz oben. Und von den vielen, die es versuchen, werden nur sehr wenige Topmodels.

Was wir allerdings alle gemeinsam haben, ist, dass die negativen Seiten unserer Welt – der Druck, das Warten, die Einsamkeit, das Hungern, die Rückschläge, die (Vor-)Urteile, die Ohnmacht – nur selten gezeigt oder überblendet werden. Soziale Medien wie Instagram etwa verstärken den Gegensatz von Schein und Wirklichkeit. Dort, wo das Leben als glücklicher und schöner inszeniert wird, als es eigentlich ist, bilden Models keine Ausnahme. Im Gegenteil. Auch ich habe immer wieder Bilder gepostet, auf denen ich mit Schokocreme, Kuchen oder Popcorn zu sehen bin. Auch ich habe gesagt: »Ich mache nur ein bisschen Sport und kann alles essen, was ich will«, während mein Magen seit Stunden knurrte. Auch ich habe der Welt zu verstehen gegeben, Modeln sei der pure Spaß. Ich habe die Menschen geblendet – aber warum? Damit die Branche weiterhin ihre coole Fassade bewahrt?

Natürlich kann man einwenden, dass niemand Model werden muss. Auch ich nicht. Aber man kann ja mal die Frage stellen: Ginge es ohne uns? Wäre diese Welt, in der wir ständig von Werbung umgeben sind, ohne Models denkbar? Und wenn nein, ist es dann nicht wichtig, darüber zu sprechen, unter welchen Bedingungen wir arbeiten? Und ist es nicht wichtig, darüber zu sprechen, dass wir ein Schönheitsideal transportieren, das kaum erreichbar ist? Der Versuch, dieses Schönheitsideal tatsächlich zu erreichen, kann physisch krank machen. Und der Gedanke, es niemals erreichen zu können, kann psychisch krank machen.

Ich werde in diesem Buch auf zwei Reisen gehen. Die eine führt mich in meine Vergangenheit. Ich erzähle dabei von den Stationen meiner Karriere, von den Heimweh- und Glücksmomenten, von Bewunderung und Spott, von Geldsegen und -sorgen, von Disziplin und Zügellosigkeit, von Hunger und Sattsein, von Kalorien und Sport, Essstörungen, Sucht und Sehnsucht, von Freundinnen und Konkurrentinnen, vom Druck, von Maßbändern, ausbleibenden Perioden, von Schönheitsidealen, die krank machen und in der Modeindustrie dennoch als Norm gelten, von Depressionen, Übergriffen, Macht und Ohnmacht – und meinem Entschluss, aus der Branche auszusteigen.

Auf meiner zweiten Reise treffe ich Akteure aus der Branche, mit denen ich über das Modelbusiness und ihre Sicht darauf spreche, unter anderem Wolfgang Joop, Kristian Schuller und Jacob Mohr. Ziel dieser Reise ist es, das Business und seine Mechanismen besser zu verstehen.

1. Tokio I: Prolog

Juli 2010: Ich saß auf dem winzigen Balkon meines Apartments. Es war heiß, so heiß, dass ich kaum Luft bekam. Und es war laut. Das Rauschen der Großstadt wurde begleitet von Hupen, Sirenen und dem Feierabendverkehr, von Lautsprecherdurchsagen und dem Lärm um den U-Bahnhof Akasaka herum, der nur ein paar Schritte von meinem Haus entfernt war. Mein Laptop lag auf meinem Schoß, ich skypte mit meinen Eltern und meinem Bruder in Deutschland. Wir schrien gegen den Lärm an: »Alles Gute zum Geburtstag«, riefen sie.

Ich lächelte. Dann nahm ich meinen Computer, drehte ihn um und zeigte ihnen die Stadt und die untergehende Sonne. »Geh doch rein, dann hören wir dich besser«, rief meine Mutter. Aber ich wollte draußen sein, nicht drinnen, wo meine Mitbewohnerin auf ihrem Bett saß und jedes Wort mitbekommen hätte, obwohl sie sowieso nichts von dem verstand, was ich sagte. Sie war Russin, auch Model, und sprach weder Englisch noch Deutsch oder Japanisch. Sie sprach nur Russisch.

In unserem Apartment standen zwei Betten, an jeder Seite des Raums eines. Dazwischen und daneben war kaum Platz. Außerdem gab es eine Pantryküche – ver-

steckt in einem Schrank, den wir nie öffneten, weil wir nie kochten –, ein Bad und diesen Balkon, den man eher als Austritt bezeichnen musste. Ich sah, dass mit meiner Familie etwas nicht stimmte, obwohl alle versuchten, fröhlich auszusehen. Immerhin hatte ich Geburtstag.
»Was ist los?«
Kurze Stille.
»Wir wollten es dir eigentlich nicht sagen.«
»Was denn?«
»Emmi ist eingeschläfert worden.«
Emmi, mein Hund. Mein Herz zog sich zusammen.
»Es musste sein.«
Ich merkte, wie mir Tränen in die Augen schossen, versuchte aber sofort, sie zu unterdrücken. Meine Eltern sollten sich schließlich keine Sorgen um mich machen. Sie sagten noch irgendetwas, wahrscheinlich, dass es ihnen leidtäte und dass sie mich lieb hatten, aber genau kann ich es nicht mehr sagen. Meine Gedanken waren nur bei Emmi und dem Gefühl, mich zusammenreißen zu müssen.

Als wir auflegten, brachen die Tränen und die Trauer aus mir heraus. Ich schrieb meiner Schwester eine Nachricht, sie antwortete: »Gönn dir jetzt was!« Und in diesem Moment wurde mir alles egal. Ich ging zurück in die Wohnung. Meine Mitbewohnerin, die sah, dass ich weinte, versuchte, mich zu umarmen, aber ich wollte nur raus, die Treppen runter, ins Freie.

Am Bahnhof gab es einen Platz, an dem man alles Mögliche zu essen kaufen konnte. Ich dachte an die Worte meiner Schwester, kaufte einen Corn Dog – ein Würstchen am Stiel, das von Teig umhüllt ist –, biss einmal rein und warf ihn weg. Ich kaufte mir Donuts, das gleiche Spiel: einmal reinbeißen, wegwerfen. So konnte ich mir hinterher einreden, ich hätte es eigentlich gar nicht richtig gegessen. Einmal reinbeißen zählte nicht. Ich kaufte Onigiri, einen Milch-Tee-Shake, Fast Food, Süßigkeiten, setzte mich auf eine Bank, biss rein, schmiss es weg. Ich fühlte mich verloren. Und während ich weinte, merkte ich, dass es bei meiner Traurigkeit nicht nur um Emmi ging, sondern auch um mein Heimweh, meine Einsamkeit und den Wunsch, das alles nicht machen zu müssen.

Ich will nicht mehr, ich kann nicht mehr.
Keiner versteht mich hier – und ich verstehe keinen.

Ich fiel und fiel. Doch da war niemand, der mich auffing. Da waren nur die Stimmen im Hinterkopf: Du hast so viel Potenzial, du wirst groß rauskommen, du wirst reich. In zwei Wochen sollte ich weiterreisen nach New York zur Fashion Week. Der Flug war schon gebucht, nur abnehmen musste ich noch, sonst hatte ich dort keine Chance.

2. Flensburg I: »Ich kann das alleine«

Hochs und Tiefs wechseln sich im Leben eines Models so schnell ab, dass man manchmal selbst nicht hinterherkommt. Es ist ein Glücksspiel, Einfluss darauf hat man kaum. Manche verkraften das nicht, einige zerbrechen daran. Auch ich hatte Tage wie jene in Tokio, die ich ohne bestimmte Eigenschaften nicht durchgestanden hätte: Offenheit und Optimismus gehören genauso dazu wie Zähigkeit und eine fast bockige Eigenständigkeit. »Ich kann das alleine«, das hörten meine Eltern oft von mir, als ich klein war.

Ich bin das jüngste von drei Geschwistern, geboren 1991, aufgewachsen in einer kleinen Gemeinde in Norddeutschland, fast Dänemark, in einem Pastorat – was verstaubter klingt, als es war. Mein Vater, Däne, war ein gefeierter Solo-Oboist im Odense Symphony Orchestra und nur am Wochenende zu Hause. Meine Mutter war Pastorin.

Es gibt Cooleres, als die Tochter einer Pastorin zu sein, das stellte ich früh fest, denn von anderen Kindern bekam ich oft den »Pastorenkindstempel«, was nichts anderes bedeutete, als dass sie mich links liegen ließen. Was diese Kinder nicht wussten: Meine Mutter ist eine ebenso witzige wie starke Frau. Sie war es, die mir beibrachte, an mich selbst zu glauben und mich durchzusetzen. Und nein, nur weil sie Pastorin ist, hieß das nicht, dass wir den ganzen Tag beten und immer nur ernst und brav sein mussten. Sie zwang uns auch nicht, zum Gottesdienst mitzukommen, doch weil ich sie immer gerne in meiner Nähe hatte, ging ich trotzdem hin, setzte mich in die letzte Bank, hörte ihre Stimme und schlief irgendwann ein. Das führte zu einem Gefühl von Geborgenheit, das sich in mir ausbreitete, wann immer ich eine Kirche betrat. Es fühlte sich für mich an, als sei Mama in der Nähe. Und auch wenn mein Glaube an die Kirche und Gott nicht so stark ist wie der meiner Mutter, hat mir dieses Gefühl in einsamen Momenten oft geholfen, egal, ob in Deutschland oder am anderen Ende der Welt.

Wir wohnten in einem riesigen alten Haus mit einem ebenso riesigen Garten. Darin hatte ich ein eigenes Beet, um das ich mich kümmerte und auf dem ich, mal mehr, mal weniger erfolgreich, Radieschen und Kürbisse anpflanzte.

Neben unserem Haus gab es einen Festsaal, in dem sich häufig das ganze Dorf traf. Manchmal half ich beim Ausschank und verdiente so ein bisschen Taschengeld. Oder meine Geschwister spielten Klavier – sie taten das beneidenswert gut – und ich hüpfte in einem Tutu vor den Leuten herum, tat so, als könne ich tanzen, und schaute dabei in ihre lachenden Gesichter.

Dritte Kinder, heißt es oft, laufen einfach nur mit. Das stimmt insofern, als ich von uns dreien die Eigenständigste war. Mein Bruder, drei Jahre älter als ich, und meine Schwester, fünf Jahre älter als ich, waren damals sehr eng miteinander. Ich war das Nesthäkchen, das in seiner eigenen Welt lebte. Trotzdem waren die beiden meine Vorbilder und ich beobachtete genau, was sie taten. Bekamen sie für etwas Ärger, wusste ich: Das lass ich lieber sein.

Ich genoss das Landleben und meine Kindheit sehr. In meiner Erinnerung laufe ich, proper, fast schon pummelig, auf jeden Fall gut genährt, mit meinem Puppenwagen durch die Dorfstraßen, rede mit meiner Puppe – und mit mir selbst –, bin fröhlich, frech, zufrieden.

Ich war elf, als das alles aufhörte und eine Zeit begann, die sehr aufwühlend war.

Meine Mutter hatte einen Job als Krankenhauspastorin und Seelsorgerin in Schleswig bekommen, weshalb wir nicht länger in dem Pastorat wohnen konnten und in die Nähe von Flensburg zogen. Mama freute sich sehr auf die neue Arbeit. Ich nicht. Sosehr ich es versuchte, es gelang mir nicht.

Ich will nicht weg.
Das hier ist doch mein Zuhause.

Etwa zur gleichen Zeit zog mein Bruder, damals 14, nach Leipzig. Er war im renommierten Thomanerchor aufgenommen worden – was ihn freute und meine Mutter wiederum nicht. Doch Ruhe kehrte danach nicht ein. Im Gegenteil. Bei meinem Vater wurde Arthrose diagnostiziert und er musste in den Vorruhestand, wobei Ruhestand dabei wörtlich zu nehmen war: Er wurde zur Ruhe gezwungen. Spielen verboten. Ende seiner Karriere. Ende seiner Leidenschaft. Von da an war er zu Hause und ich hatte häufig das Gefühl, ihm würde die Decke auf den Kopf fallen.

Man möchte meinen, wenigstens die Schule sei eine verlässliche Konstante gewesen, aber nein. Auf meiner neuen Schule, einer dänischen Grundschule, war ich ein Überflieger und völlig unterfordert, weshalb meine Eltern nach einem halben Jahr beschlossen, mich auf eine Gesamtschule in Flensburg zu schicken. Sie meinten es gut. Ich weiß. Doch diese Schule nahm mir all meine Fröhlichkeit.

Zuerst hatte ich mich noch auf die neue, viel größere Schule gefreut und schnell Freunde gefunden. Doch als sie alle in der siebten Klasse – ein halbes Jahr nach meiner Ankunft dort – aufs Gymnasium wechselten, fühlte ich mich zurückgelassen mit einer Lehrerin, die mich nicht mochte, und Mitschülern, die mir drohten, mich auf dem Weg zum Bus zu verprügeln, und die es lustig fanden, mir Kondome zu Weihnachten zu schenken. Für meine verbliebenen Mitschüler war ich das uncoole Landei. Für meine Lehrerin war ich ein Opfer: eine Legasthenikerin, die Spezialunterricht brauchte. Gab sie mir Diktate zurück, sagte sie laut vor der ganzen Klasse: »Schlecht, Anni! Wenn du so weitermachst: Hauptschule. Weißt du, ne?« Ich sah nur rote Ausrufezeichen auf dem Papier und fühlte mich elend, dumm und nutzlos. Meine Geschwister waren beide talentierte Musiker, gingen aufs Gymnasium – und ich? Hatte rote Ausrufezeichen auf meinen Klassenarbeiten.

Ich wurde ruhiger, mein Lachen verschwand. Tag für Tag für Tag waren es entweder meine Lehrerin oder meine Mitschüler oder alle zusammen, die mir zu verstehen gaben, dass ich in ihren Augen nichts wert war. Ich versuchte, mich mit der Situation abzufinden, und war, weil es mir nicht anders gelang, viel allein zu Hause und weinte heimlich. Die Schule, die Klasse: der Horror.

Wann ist endlich der Tag vorbei?
Wann muss ich da nicht mehr hin?

Die Wende brachte ein trauriger Anlass. Silvester 2003 war meine Cousine ermordet worden. Ich möchte nicht näher darauf eingehen, weil es schlimm genug war. Nur: Als ich meiner Lehrerin sagte, ich könne nicht in die Schule kommen, weil ich zur Beerdigung müsse, fing sie an, irgendeine Geschichte vom Freund eines Freundes zu erzählen. Ich weiß nicht mehr, was sie da sagte. Ich hörte gar nicht richtig zu, so fassungslos war ich. Da kam kein »Wie geht es dir?«, oder »Kann ich etwas für dich tun?«. Kein Funken Anteilnahme. Keine Empathie. Nichts. Selbst als meine Mutter sie ein paar Tage später zur Rede stellte und fragte, warum sie so kalt reagiert habe, erwiderte sie nichts. Meiner Lehrerin war das alles egal. Sie zuckte nur mit den Schultern.

Was war das für ein Signal für ein Kind?

Ein paar Wochen später kam mein Schulleiter ins Klassenzimmer, stellte sich vor mich und sagte: »Du kannst deine Sachen packen.« Ich schaute ihn verunsichert an, wusste nicht, was los war. Vor der Tür standen meine Eltern. Sie sagten: »Du wechselst die Schule. Und zwar sofort.«

Das war meine Rettung. Zu diesem Zeitpunkt war ich überhaupt nicht mehr ich selbst und versuchte nur noch, irgendwie durchzuhalten.

Ich kam auf die Waldorfschule. Dort war alles anders und mein Leben wurde endlich wieder ruhiger. Ich durfte wieder Kind sein, ich selbst sein, hatte Freiräume und Freundinnen, echte Freundinnen, mit Mädelsabenden und allem, was dazugehört. Ich wurde zum Klassenclown, was ich genoss. Ich sang im Chor, spielte Musikinstrumente – wenn auch keines wirklich gut. Kontrabass, Fagott, Klavier, Gitarre: Ich probierte wirklich alles. Irgendwann sahen meine Eltern ein, dass meine Geschwister darin sehr viel mehr Begabung hatten als ich, und ließen mich gewähren. Ich sollte Spaß an den Dingen haben, und so machte ich Musik fortan nur noch mit meiner Stimme: Ich hatte Gesangsunterricht und sang im Chor.

Mit der Zeit merkte ich, dass mein wahres Ich zurückkehrte, weil ich der Mensch sein durfte, der ich war. Heute denke ich oft an diese Zeit zurück und sehe Parallelen zum Modelleben. Menschen blühen auf, wenn man sie sein lässt, wer sie sind, wenn man ihre Persönlichkeit unterstützt und fördert, anstatt sie zu unterdrücken. Das Absurde am Modelbusiness ist, dass dir alle sagen: »Du brauchst Persönlichkeit.« Aber eigentlich musst du uniform sein in Größe, Funktionswillen und Temperament.

Im Januar 2006, ich war inzwischen 15, lief die erste Staffel von *Germany's Next Topmodel*. Meine Schwester und ich durften dafür donnerstags nach dem Chor extra länger aufbleiben, meine Eltern schauten mit. Sie fanden die Methoden, wie mit jungen Mädchen dort umgegangen wurde, verletzend, verachtend und demütigend. Für meine Eltern waren das Kinder wie meine Schwester und ich, die sich dieser Oberflächlichkeit und Degradierung nicht aussetzen sollten. Natürlich sprachen meine Eltern mit uns darüber. Ich stimmte ihnen zu – oder blieb still. Insgeheim aber fand ich es faszinierend, was ich dort sah: Mädchen, die überall hinreisten, in einem luxuriösen Haus wohnten und ständig schön gestylt wurden. In meiner Vorstellung führten sie ein Jetset-Leben, wurden immer auf die coolsten Events eingeladen, verdienten Geld, gutes Geld. Glamour total. In meiner Fantasie malte ich mir eine Traumwelt aus, dachte, das sei der beste Job überhaupt. So wurde es verkauft. Und genau so kam es bei mir auch an.

Von Zehn-Bett-Model-Apartments redete dort keiner, auch nicht von der Einsamkeit, dem Hunger oder der andauernden Bewertung deiner Figur und deines Wesens. Ich ahnte von alldem nichts und hatte mich in eine Scheinwelt verguckt, an die so viele Mädchen glauben.

Inzwischen war ich ganz schön gewachsen und sehr groß, was mir selbst eigentlich gar nicht so sehr gefiel. Aber als Model, dachte ich, könnte ich wenigstens etwas daraus machen. Ich fand mich nicht unbedingt schön und auch keine meiner Freundinnen kam zu mir und sagte: »Wow, du bist so hübsch!« Trotzdem. Heimlich stellte ich mir vor, ich könne es damit allen beweisen: meinen Eltern, für die ich oft das Sorgenkind war, meinen Geschwistern, die so musikalisch und gut in der Schule waren, meinen ehemaligen Mitschülern, meiner ehemaligen Klassenlehrerin – und vor allem mir selbst. Ich schrieb in mein Tagebuch: »Modeln – das mach ich!«

*Ich will auch etwas können,
ich will auch etwas sein.*

Mein Traum war es, irgendwo angesprochen, also entdeckt zu werden. Heidi Klum war es schließlich auch so ergangen. Das hörte sich besser an als: »Ich habe mich als Model beworben.« Fragte sich nur, wie mir das gelingen sollte. Ich konnte ja nicht jeden Tag durch die Innenstadt von Flensburg schlendern in der Hoffnung, es käme ganz zufällig jemand vorbei. Und ob meine Eltern mir das überhaupt erlauben würden nach alldem, was sie im Fernsehen gesehen hatten?

3. Flensburg II: Der Modelwettbewerb

Es vergingen zwei Jahre. Der Wunsch, Model zu werden, verging hingegen kein bisschen. In meinen Tagträumen sah ich mich immer wieder auf dem Laufsteg oder vor einer Kamera.

Mein Leben war inzwischen wieder unbeschwert. Ich fühlte mich wohl auf der neuen Schule, hatte gute Freundinnen und arbeitete im Kinderspielpark eines Einkaufszentrums, um finanziell unabhängig zu sein. Im Funpark machte ich alles: stand am Klettergerüst, frittierte Pommes, saß an der Kasse. Und dann gab es noch dieses Kostüm, in das an vollen Tagen immer einer von uns schlüpfen musste. Es stellte das Maskottchen des Einkaufszentrums dar: Mr. Scandi. Weil ich die Größte war, fiel die Wahl meistens auf mich. Manchmal wurde ich von den Kindern geboxt oder sie versuchten, mich zum Stolpern zu bringen, und außerdem schwitzte man fürchterlich darin. Aber eigentlich fand ich es total lustig, in einem Hero-Kostüm zu stecken. Man musste ja auch nichts machen, außer zu winken und mit Daumen hoch für Fotos zu posieren.

Es war eine glückliche Zeit, in der ich kein Kind mehr war, aber auch noch keine erwachsene Frau. Einerseits schmierte mir meine Mutter noch Schulbrote – so gesund, dass es mir manchmal peinlich war – und mein Vater holte mich immer von der Schule ab. Andererseits ging ich nachmittags mit meiner Freundin Katja ins Fitnessstudio oder in die Stadt und trank Latte macchiato, wie die Erwachsenen. Einmal, wir waren gerade shoppen, sagte Katja plötzlich zu mir: »Komm, wir verwandeln dich jetzt.«

Ich lachte. »Ja, verwandel mich mal.«

Ich ging in eine Umkleidekabine, zog mein Blümchenkleid aus und das an, was Katja mir reinstreckte: eine Leggins, einen Minirock, ein Longsleeve und ein Spaghettiträger-Top. Dann stellte ich mich vor den Spiegel.

Wow, das ist cool.

Ich sah so anders aus. »Kauf das! Unbedingt!«, sagte Katja und zog mich zur Kasse. Als ich die Sachen später meiner Mutter zeigte, fand sie sie im ersten Moment »schlimm, ganz schlimm«. Vielleicht wollte sie nicht, dass ihr jüngstes Kind jetzt auch groß und flügge wurde. Das Outfit trug ich trotzdem und merkte, wie ich mich damit erwachsener, cooler und auch schö--ner fand. Die Blicke der anderen bestätigten mir das. Meine Haltung und mein Körpergefühl hatten sich verändert, als sei ich in diesem Moment wirklich verwandelt worden.

Natürlich sah das auch meine Mutter und freute sich im zweiten Moment doch mit mir. Und natürlich wusste sie von meinem großen Traum, Model zu werden. Aber: Zu sehen, wie die eigenen Kinder erwachsen werden, hat eben oft zwei sich widersprechende Gefühle zur Folge. Einerseits den Wunsch, sie auf der Suche nach ihrem Glück ziehen zu lassen und sie dabei zu unterstützen. Und andererseits den Wunsch, sie weiterhin zu beschützen und noch eine Weile das Alte zu bewahren.

Ende Juni 2008: Kurz vor meinem 17. Geburtstag sahen meine Eltern zufällig die Talkshow *3 nach 9*. Dort saß Toni Garrn neben ihrer – und später auch meiner – Agentin und sprach über ihr Leben als Model. Sie war erst 16, aber schon seit zwei Jahren im Geschäft. Der Moderator, Giovanni di Lorenzo, fragte die beiden, wie Toni damals entdeckt worden war und wie sie das jeweils wahrgenommen hatten. Dann ging es ums Dünnsein. Ob Toni denn eine »Nichtesserin« oder eine »Nichtzunehmerin« sei, wollte di Lorenzo wissen.

Toni sagte, sie esse eigentlich alles, was sie wolle, ihre Mutter sei schlank, ihr Vater groß, sie selber mache viel Sport. Dann erzählte sie, dass keine ihrer Freundinnen neidisch sei: »Meine ganzen Freundinnen unterstützen mich da total, sind supernett, […], also bei mir ist eigentlich alles supercool.« Sie sprach auch darüber, wie einfach es sei, in der Schule zu fehlen, weil alle sie unterstützten.

Nur ihre Mutter, die sei nach wie vor etwas skeptisch und mache sich Sorgen, »wie jede normale Mutter auch«, und deshalb müsse sie sie auch jeden Tag anrufen, wenn sie weg sei.

Alleine durch die Welt zu reisen? Kein Problem! Einsam, sagte Toni, sei sie nie, die Mitarbeiter in den Agenturen und die anderen Models seien fast wie eine Familie. Außerdem gebe es ja Fernsehen, aber eigentlich sei sie sowieso den ganzen Tag nur am Set. Dann fragte di Lorenzo nach schmierigen Agenten und Fotografen, und alle waren sich einig, die existierten nicht, das sei alles sehr professionell. Es hörte sich traumhaft an.

Am Ende ging es noch darum, dass viele Models wirklich üben und ihre Scheu abbauen müssten, weil sie von Natur aus zurückhaltend seien, und dass manche schon ein, zwei Jahre bräuchten, um aus sich herauszukommen. Es klang, als würde man in der Branche Rücksicht darauf nehmen. Es klang, als würde man beschützt werden.

»Alles wirkte so leicht, fast spielerisch«, sagt meine Mutter heute. »Toni, ein Mädchen aus gutem Haus, dazu eine sympathisch wirkende Chefin der Agentur.« Die negativen Eindrücke von *Germany's Next Topmodel* brachte sie damit gar nicht in Verbindung. So wie Toni es beschrieb, dachte sie, sei das wirkliche Leben als Model, wenn man denn nur an die richtige Agentur geriete.

Am nächsten Tag sagte meine Mutter zu mir: »Du, da war gestern so eine Toni von einer Hamburger Modelagentur im Fernsehen. Ich glaube, das kannst du auch!« Ich schaute sie nur an und dachte, ich höre nicht recht. Hatte sie wirklich gesagt, »das kannst du auch«?

Endlich! Sie glaubt an mich!

Dass meine Eltern diese Sendung gesehen hatten, sollte mir ein paar Wochen später zugutekommen. Im August hing in meinem Fitnessstudio in Flensburg ein Plakat, auf dem stand: »DIE EINE 2008. Der Center Modelwettbewerb«. Die Siegerin sollte einen Vertrag mit einer Agentur bekommen, keiner geringeren als der Agentur von Toni Garrn. War das meine Chance? Meine Freundinnen redeten mir gut zu: »Bewirb dich da. Du musst das versuchen, Anni!«

Ich sprach mit meiner Mutter, nicht nur, weil ich eine Unterschrift von ihr brauchte – ich war ja erst 17 –, ich wollte, dass sie wirklich hinter mir stand, wenn ich mich bewarb: »Schau mal, in zwei Wochen ist da ein Wettbewerb. Der ist von dieser Agentur aus dem Fernsehen. Darf ich mitmachen?«

Sie meinte nur: »Ja, kannst du machen« und unterschrieb. Einfach so.

Heute sagt meine Mutter darüber: »Ich dachte damals, warum nicht, die Agentur ist seriös und niemand wird mir meine Tochter sofort entreißen oder sie auf die schiefe Bahn ziehen. Ich fand es spannend, hatte im Kopf die

Karriere eines Models, von dem ich meinte, es habe Ähnlichkeit mit Anne-Sophie. Warum sollte sie es nicht auch schaffen?«

Flensburg war die dritte von insgesamt zwölf Stationen des Wettbewerbs. In jeder Stadt gab es drei Runden, in denen nach und nach ausgesiebt wurde, bis schließlich zwei Gewinnerinnen pro Stadt feststanden, die ins Finale in Bremen einzogen.

Als ich mit meinen Freundinnen im Einkaufszentrum ankam, standen dort schon unglaublich viele Bewerberinnen. Hatte ich überhaupt eine Chance? Ich schaute sie mir an, überlegte, ob ich hübsch genug war, besser als sie laufen würde oder die bessere Figur hatte. Das Konkurrenzdenken hatte begonnen.

Bevor es losging, wurden zum ersten Mal in meinem Leben Maße von mir genommen. Es war vielleicht das letzte Mal, dass dies ohne den Hinweis blieb, ich müsse unbedingt an meiner Figur arbeiten. Meine Hüfte jedenfalls hatte einen Umfang von 104 Zentimetern. Das ist nicht ungewöhnlich für ein 17-jähriges Mädchen – für ein 17-jähriges Model schon, aber das wusste ich zu diesem Zeitpunkt noch nicht.

Mitten im Einkaufszentrum war ein Laufsteg aufgebaut, vor dem eine Jury saß, die aus drei Männern bestand: einem Vertreter des Einkaufszentrums, einem Vertreter des Optikers, der das Ganze sponserte, und einem Vertreter der Modelagentur. Es lief laute Musik und wir mussten alle in verschiedenen Outfits auf und ab laufen. Ich hatte keine Ahnung vom Laufen, ich machte es einfach, und meine Freundinnen standen daneben und klatschten und jubelten, wenn ich an ihnen vorbeikam.

Was für ein wahnsinniges Gefühl. Gänsehaut!

Die erste Runde war vorbei. Alle standen in einer Reihe und warteten auf das Ergebnis.

*Bitte lass mich nicht rausfliegen.
Nicht jetzt, nicht in der ersten Runde.*

Ich hörte meinen Namen. Ich war weiter.

*Vielleicht schaffe ich es.
Vielleicht gewinne ich das!*

In der Pause lief uns unser Deutschlehrer über den Weg.
Wir sagten: »Hallo.«
»Oh, hallo«, antwortete er. »Wie geht's?« Dann zeigte er auf den Laufsteg: »Wer macht denn bei so einem Scheiß mit?«
Wir blickten erst uns, dann ihn an und zuckten mit den Schultern. »Keine Ahnung«, sagte ich, grinste innerlich und zog die anderen weg.

Als ich auch in der zweiten Runde weiterkam, rief ich meine Eltern aufgeregt an: »Ihr müsst kommen. Aber jetzt sofort.« Rechtzeitig zur dritten und letzten Runde waren sie da, was mich noch entschlossener machte. Ich lief, nein, ich schwebte fast über den Laufsteg. Mit jedem Schritt fühlte es sich dort oben besser an.

Dann war die Runde vorbei – und ich flog raus. Fünfter Platz. Als sei ich mit Vollgas gegen eine Wand gefahren, war es mir auf einmal wahnsinnig peinlich, bei »so einem Scheiß« mitgemacht zu haben.

Dieses plötzliche Wechselbad der Gefühle sollte ich später noch häufig haben. In einem Moment fühlt sich alles richtig an und im nächsten komplett falsch. Jubeln sie dir zu, ist alles richtig, jubeln sie einer anderen zu, ist alles falsch. Das liegt unter anderem daran, dass man so fremdbestimmt ist. Du kannst talentiert sein, wunderschön und diszipliniert, und am Ende liegt es an deiner Haarfarbe, dass du einen Job nicht bekommst, oder an deiner Nase oder einfach an der Laune deines Gegenübers. Du kannst noch so viel gehungert und gegeben haben, um die richtigen Maße zu bekommen; wenn sie am Ende nicht stimmen, bist du raus.

Wer immer nur nach Kriterien beurteilt wird, die er selber kaum beeinflussen kann, ist permanent unsicher, obwohl man sich Unsicherheit in diesem Business nicht leisten kann. Selbstbewusst auftreten, aber gleichzeitig bescheiden sein: Das ist das, was von dir erwartet wird.

Eine dauerhafte Zerreißprobe. Doch auch das wusste ich damals noch nicht.

Ich wollte schon nach Hause gehen, als einer der Juroren auf mich zukam. Er sagte, er sei von der Agentur. »Du bist mir aufgefallen. Du hast Potenzial. Hier ist meine Karte. Melde dich, wenn du an der Hüfte im Neunzigerbereich bist.«
Ich konnte mein Glück kaum fassen. »Ja klar, mach ich. Aber wie schaff ich das?«
Seine Antwort: »Knäckebrot, keine Schokolade, bisschen Sport.«
Am Abend saß ich mit meinen Eltern zu Hause beim Abendbrot. Ich aß Salat. Ohne Dressing.

Ich hab seine Karte. Ich will diesen Job.
Ich schaff das! Ich nehm jetzt ab.

Von da an wickelte ich Frischhaltefolie um meine Beine, wenn ich im Funpark im Heldenkostüm steckte. Manchmal trug ich die Folie auch unter meiner Jeans. Ich dachte, so würde ich Fett rausschwitzen. Für zu Hause kaufte ich mir sogar eine Saunahose, die einen noch stärkeren Effekt haben sollte. Meine Ernährung stellte ich komplett um. Ich aß fast nur noch Gemüse, manchmal auch Fleisch, aber nur, wenn es mager war. Der leckere Milchreis, den es immer in der Schule gab, war von da an tabu. Für mich gab es vorbereitetes, abgewogenes Essen in meiner eigenen Box. Meine Eltern kauften einen Crosstrainer, auf dem ich jeden Morgen vor der Schule 20 Minuten trainierte. Sie unterstützten mich, meinten aber auch, ich solle es nicht übertreiben.

Ich höre sie, aber ich höre nicht auf sie.

Ich wollte das unbedingt. Ich wollte abnehmen. Ich wusste nur nicht, welches Ausmaß das später noch nehmen würde. Immer mehr. Und noch mehr. Es war ja nie genug.

Und dann kam England: Der Schüleraustausch von Januar bis März 2009 war schon lange geplant und eigentlich hatte ich mich sehr darauf gefreut. Jetzt aber bekam ich Panik, ob das meine Modelpläne durchkreuzen würde und ob ich dort wohl weiter an meinen Maßen arbeiten könnte. All meine Freunde und Bekannten, die selber bei einem Austausch gewesen waren, hatten während ihrer Zeit im Ausland zugenommen. Mein Plan: Ich würde mich in England von allen anderen isolieren, um nur an meinem Ziel zu arbeiten.

Beim Abschied umarmte ich meine Eltern lange. Wir alle weinten, weil es das erste Mal war, dass ich länger als zwei Wochen weg sein würde. Es war nicht leicht wegzufahren, obwohl ich mich gleichzeitig unglaublich auf die Zeit in England freute. Mit Tränen in den Augen und meinem viel zu großen Koffer flog ich schließlich von Lübeck nach London. Dort holte mich mein Gastvater Robert ab. Meine Gastmutter Chloe hatte gekocht: Schweinebraten mit viel fettiger Soße und einem Häuflein Gemüse. Ich bekam Panik, lehnte freundlich ab, entschuldigte mich und sagte, ich sei Vegetarierin.

Um sie nicht weiter in Verlegenheit zu bringen, fing ich irgendwann an, für die ganze Familie zu kochen. Sie fanden das gut und meinten, sie würden ja richtig sparen, weil ich so gut wie nichts äße.

Die Harrisons waren eine nette Familie. Chloe und Robert wussten von meinem Modeltraum, fuhren mich zum Sport, wenn ich wollte, und nahmen mich ansonsten so, wie ich war. Mit einer Ausnahme: Eines Abends hatte Chloe mich zum Essen eingeladen. Es gab Pizza und Wein.

»Pizza?«, fragte ich.

»Ja komm«, antwortete sie, »jetzt isst du mal was.«

Ich fühlte mich auf seltsame Weise ertappt und wusste, dass ich jetzt nicht Nein sagen durfte, sonst würde sie sich Sorgen machen. Also aß ich die Pizza. Ich wusste, wie wundervoll sie schmeckte, doch mein schlechtes Gewissen ließ es nicht zu, dass ich sie auch nur eine Sekunde genoss.

Kurz vor unserer Heimkehr fuhren alle Austauschschüler nach London. Wir liefen im Stechschritt durch die Stadt und nahmen alles mit, was man als Tourist gesehen haben musste: Tower Bridge, Big Ben, Trafalgar Square, Madame Tussauds, Buckingham Palace. Als wir ein paar Stunden Freizeit hatten und ich ziellos durch die Straßen lief, kam eine Frau auf mich zu, hielt mich an und sagte, sie sei Agentin, ob ich schon mal darüber nachgedacht hätte zu modeln. Stolz antwortete ich, ich hätte schon eine Agentur. Hatte ich ja auch. Also fast. Sie gab mir trotzdem ihre Karte, falls ich nicht doch Interesse hätte. Ich jubelte innerlich und steckte die Karte in meine Jackentasche. Dort behielt ich sie lange Zeit, und jedes Mal, wenn ich sie berührte, fühlte sie sich an wie eine Trophäe, mit der ich mir selbst bewiesen hatte, auf dem richtigen Weg zu sein. Die Karte war wie eine Erlösung nach all dem Verzicht und dem vielen Sport in den letzten Monaten.

Jetzt hast du es geschafft, jetzt siehst du aus wie ein Model.

All die Anspannung fiel von mir ab, ich wollte den Moment feiern, mir etwas gönnen und ging in ein Café, wo ich einen großen Milchkaffee bestellte. Danach ging ich ins Kino, kaufte mir an der Theke Malteser-Kugeln und aß genüsslich eine nach der anderen.

Diese Momente, in denen ich mich entspannte, weil ich etwas geschafft hatte, kamen später immer wieder. Immer der Gedanke: Wenn du das geschafft hast, dann darfst du dir etwas gönnen. Erst das Verbot, dann die Belohnung.

Als ich nach drei Monaten zurück nach Hause kam, hatte ich vier Kilo abgenommen. Ich wusste, dass ich mich jetzt in der Agentur melden konnte, und rief an: »Ich bin jetzt im Neunzigerbereich.«

»Toll, dann komm vorbei.«

Und so fuhr ich mit meiner Mutter im Auto nach Hamburg, wo wir erst keinen Parkplatz fanden, was uns beide noch nervöser machte, als wir ohnehin schon waren. Ich schaute auf die Uhr: noch fünf Minuten. Ich wollte schon aussteigen und ohne meine Mutter reingehen, als wir endlich eine Parklücke fanden. Ein letzter Blick in den Rückspiegel, wir stiegen aus, ich atmete tief durch, dann waren wir da und versuchten, uns entspannt zu geben.

Wow, das ist kein Traum. Ich bin jetzt hier.
In einer Modelagentur.

Wir wurden in einen kleinen Besprechungsraum geführt. Meine Agentin sagte, ich sei ein tolles Mädchen mit viel Potenzial, aber da ich noch Schülerin wäre, müsse man schauen, wie schnell das klappen würde. Vielleicht sei es besser, meine Chance jetzt zu nutzen und die Schule abzubrechen. Wenn es so liefe wie bei Toni, dann hätte ich bald einen Fulltime-Job. Ich würde ein Vermögen verdienen. Sie sagte auch, ich hätte ja schon schön abgenommen, für die Shows in New York müsse es aber noch ein bisschen mehr sein.

»Ja klar«, sagte ich, tanzte innerlich wieder und dachte: »Ich mach das alles!«

Dann legte sie uns einen Vertrag hin, den meine Mutter unterschrieb, während von mir Polaroids gemacht wurden.

Fertig.

Ich war jetzt Model.

Wir gingen raus, Mama sagte: »Ich brauch jetzt dringend was zu essen«, und holte sich ein belegtes Brötchen. Ich weiß nicht mehr, ob ich auch etwas aß. Und wenn, dann bestimmt kein belegtes Brötchen.

4. Mailand: Kaltes Wasser

Nachdem ich den Vertrag hatte, ging alles ganz schnell. Mein erstes Test-Shooting fand schon wenige Tage später statt. Test-Shootings sollen eigentlich Win-win-Situationen sein: Sie kosten nichts, du kriegst aber auch kein Geld. Dafür haben sowohl der Fotograf als auch das Model später Bilder für ihr Portfolio.

Es hieß, ich solle vorher ein bisschen vor dem Spiegel üben, was ich nicht tat.

Das Shooting fand in Hamburg im privaten Studio des Fotografen statt. Sein Name sagte mir nichts, er würde mir auch heute nichts sagen, so unbekannt war er. Ich weiß nicht einmal mehr, wie er aussah, nur an das Bett, das da im Studio stand, erinnere ich mich noch gut. Vielleicht hätten meine Alarmglocken in diesem Moment schon angehen sollen – sie blieben stumm.

Mir kann ja nichts passieren, ich hab doch eine seriöse Agentur. Die werden schon darauf achten, wen sie als Fotografen buchen.

Auf einem Tisch standen als einzige Verpflegung Kaffee, Wasser und Butterbrezeln, von denen ich natürlich keine einzige aß. Ich wurde geschminkt und der Stylist erklärte mir, was ich tun und wohin ich beim Schminken schauen sollte. Ich hatte ja keine Ahnung.

»Ach Schätzchen, das lernst du ganz schnell«, sagte er. Dann ging das Shooting los. Ich war unsicher.

Ja nichts falsch machen, sonst ist der Traum vorbei, bevor er begonnen hat.

Nach ein paar Fotos sollte ich mich auf das Bett legen. Ein männliches Model kam dazu und legte sich erst neben, dann auf mich. Der Fotograf sagte: »Stellt euch vor, ihr hättet gleich Sex.«

Ich fühlte mich furchtbar. Eigentlich wollte ich rufen: »Hey, ich bin erst 17!« Stattdessen sagte ich nichts und machte mit. Ich wollte ja alles richtig machen. Einfach absurd!

Der Fotograf bemerkte mein Zögern und wollte schon etwas sagen, da presste sich mein Kollege immer stärker an mich. Das fand der Fotograf ganz offensichtlich toll – jedenfalls verschwand sein Gesicht wieder hinter der Kamera.

Kurz danach sollte mein Modelkollege so tun, als würde er im Stehen pinkeln und ich daneben stehen und komisch gucken. Warum? Und warum stand ich nicht einfach auf und ging? Die Fotos, die dabei entstanden, waren allesamt so geschmacklos, dass ich sie nicht gebrauchen konnte.

Später rief ich in der Agentur an. Ich erzählte, was da von mir erwartet worden war, dass der Fotograf doch wusste, dass ich ganz neu war, und wie grausam ich das Shooting gefunden hatte.

»Anne-Sophie, du musst schon in der Lage sein, dich auszuziehen oder mal jemanden zu küssen.« Das war die Antwort. Ich fühlte mich prüde.

Doch dieses Gefühl wurde durch Aufregung und Herzklopfen ersetzt, als ich ein paar Tage später wieder mit meiner Agentur telefonierte: Ich sollte in einer Woche nach Mailand fliegen. Es sei dringend. Es könne sein, dass Prada mich dort direkt buchen würde.

Meine deutsche Agentur, die sogenannte Mutteragentur, hatte mich an eine italienische Agentur vermittelt, was in unserem Business ganz normal ist: Die Mutteragentur versucht, ihre Models bei ausländischen Agenturen, sogenannten Kooperationsagenturen, zu platzieren. Bei jeder erfolgreichen Buchung durch die Kooperationsagentur erhält die Mutteragentur eine Commission Fee von zehn Prozent. Models, die weltweit platziert sind, haben ungefähr zehn solcher Agenturen über den ganzen Globus verteilt.

In jeder dieser Agenturen hat man als Model dann einen Agenten, der für einen persönlich verantwortlich ist. Sie übernehmen die Betreuung, Beratung, Koordination, Organisation und Förderung. Sie verbuchen Models aber auch, sprich: sind gleichzeitig im Booking tätig. Zusätzlich gibt es in vielen Agenturen noch Mitarbeiter, die ausschließlich für die Vermittlung von Jobs zuständig und keinem bestimmten Model zugeteilt sind: die Booker. Sie nehmen Anfragen von Kunden an, schlagen ihnen passende Models vor und wickeln die Anfragen ab. Das ist – grob gesagt – der Unterschied zwischen Agenten und Bookern.

Nun sollte ich also als Erstes nach Italien. Meine erste Reaktion darauf: »Das geht nicht – ich hab doch Schule und muss im Funpark arbeiten.« Meine zweite Reaktion: Wahnsinn! Prada! Natürlich würde es gehen. Es musste gehen, denn auch das hatten sie gesagt: »Wenn du das jetzt nicht machst, verpasst du deine Chance.«

Damals wusste ich noch nicht, wie oft ich Sätze wie diesen in den nächsten Jahren noch hören würde. Aber jetzt war alles neu und aufregend. Alles fühlte sich in diesem Moment nach Chance an und nichts nach Problem. Von der Schule bekam ich frei, im Funpark sagte ich ab.

Meine Mutter packte mir selbst gemachtes Essen in den Koffer. Außerdem sollte ich dabeihaben: hautfarbene Unterwäsche, High Heels, einen Bikini für Polaroids, eine enge Hose. In der Handtasche, so meinten sie in der Agentur, müssten immer Haargummis, Bürste, Pudertücher und Concealer sein.

Mein Vater fuhr mich zum Flughafen. Stolz und Sorge wechselten sich in den Blicken meiner Eltern ab und ich versuchte, sie zu beruhigen: »Das wird bestimmt gut. Ich bin ja nicht die Erste, die das macht.« In Wahrheit war es auch der Versuch, mich selbst zu beruhigen. Ich war unglaublich aufgeregt.

Mama und Papa erzählen allen, dass ich nach Mailand fliege. Ich werde sie nicht enttäuschen.

Ein Fahrer, den die italienische Agentur bestellt hatte, holte mich vom Flughafen ab. Das fühlte sich an wie Luxus. Erst später verstand ich, dass eigentlich alles, was die Agentur organisierte und bereitstellte, auf meine Rechnung gesetzt wurde, die ich später abarbeiten musste.

Häufig ist es so, dass die ersten Jobs von Models erst mal dazu dienen, ihre Rechnungen bei den Agenturen zu begleichen. Das ist natürlich das gute Recht der Agenturen – niemand hat etwas zu verschenken. Es wird nur viel zu wenig darüber geredet und vor allem im Voraus aufgeklärt, wie hoch die Preise für Fahrer, Flüge und Unterkünfte sind oder was eine Sedcard kostet.

Am teuersten sind Sedcards für sogenannte Showpackages, eine Art Katalog jeder Agentur, in dem alle Models vertreten sind, die für sie bei den Shows in New York, London, Mailand oder Paris laufen sollen. Die Showpackages werden wichtigen Kunden und Casting-Direktoren geschickt und dienen als Werbung für die Models und die Agenturen selbst. Die Showpackage-Sedcards sollen ganz neu und ganz besonders sein und sind nur für die jeweiligen Shows gültig. Das bedeutet: Es kann sein, dass du neben den normalen Sedcards zusätzlich acht Mal im Jahr – zur Herbst-/Wintersaison und zur Frühlings-/Sommersaison für jeweils New York, London, Mailand und Paris – Fotos für die Showpackages brauchst. Das geht natürlich ins Geld, aber hast du keine Sedcard, kommst du nicht ins Showpackage. Bist du nicht im Showpackage, kannst du keine Show machen. So einfach ist das.

Natürlich bedeutet es noch lange nicht, dass du eine der Shows läufst, nur weil du im Showpackage bist. Es ist wie so oft nur eine Option.

Auf das Thema Finanzen werde ich in Kapitel 14 (Payday: Über Geld spricht man nicht) noch näher eingehen, da es ein sehr wichtiger, aber viel zu wenig thematisierter Bereich des Modelbusiness ist.

In Mailand brachte mich der Fahrer in ein Apartment, in dem schon ein anderes Model wohnte. Unser Zusammenleben sah so aus: Sie hatte das Schlafzimmer, ich schlief auf der Couch, die in der Wohnküche stand. Es fühlte sich komisch an, 40 Quadratmeter mit einer wildfremden Person zu teilen, andererseits war ich ja nur zweieinhalb Wochen hier. Also sagte ich nichts, wenn sie neben mir Dinge kochte, deren Geruch ich kaum aushielt, oder ins Bad verschwand, um sich dort zu übergeben. Wir sprachen kaum ein Wort miteinander. Jede machte ihr Ding.

Am Morgen des zweiten Tages ging ich in die Agentur. In High Heels. Anfängerfehler! Ich bekam einen Zettel, einen Stadtplan und eine italienische SIM-Karte für mein Handy in die Hände gedrückt. Smartphones gab es zu dieser Zeit zwar schon, aber ich hatte keines. Jede einzelne Location würde ich auf dem Stadtplan suchen und finden müssen.

Auf dem Zettel standen die Termine und Adressen der sogenannten *Go-Sees*. Go-Sees sind kurze Termine bei potenziellen Kunden, bei denen es vor allem darum geht, sich vorzustellen und einander kennenzulernen, und weniger darum, wirklich einen Job zu bekommen. Zu der Zeit, als ich in Mailand war, gab es Instagram noch nicht, und Go-Sees waren extrem wichtig, weil es die einzige Möglichkeit für Kunden war, sich einen ersten Eindruck von einem Model zu verschaffen.

Die Termine – zehn an diesem Tag – waren quer über Mailand verteilt. Und so ging ich in der Hitze der Stadt in meinen High Heels los, verlief mich, fand die erste Location, wartete eine halbe Ewigkeit auf meinen Einsatz, lief auf und ab, lächelte, sagte Ciao, ging weiter, verlief mich wieder, war spät dran, fing schließlich an zu rennen, kam völlig außer Puste an, holte tief Luft, laufen, lächeln, Ciao. Meine Füße schwollen an, nach zwei Stunden hatte ich Blasen an den Füßen, nach drei Stunden waren die Blasen offen. Ich biss die Zähne zusammen und rannte weiter. Ab und zu bekam ich eine Nachricht von der Agentur: Da sei noch ein neues Casting, da müsse ich jetzt hin.

Ich weiß nicht, ob mir meine Füße jemals wieder so wehgetan haben wie an diesem Tag. Ich dachte, sie verbrennen oder fallen im nächsten Moment ab. Die Schuhe abends auszuziehen war wie eine Erlösung, doch der Schmerz dauerte noch lange an. Selbst schuld, dachte ich. Ich hatte meine erste Lektion gelernt. Am nächsten Tag trug ich Turnschuhe zwischen den Terminen.

Heute frage ich mich, warum man Kinder – denn nichts anderes war ich damals – in dieses eiskalte Wasser schmeißen muss. Der Schmerz an meinen Füßen war nichts gegen das Gefühl, alleingelassen zu sein. Und es ging nicht nur darum, die falschen Schuhe getragen zu haben. Es war das Gefühl, in einem Land zu sein, in dem ich die Sprache nicht konnte, ohne Ahnung oder Erfahrung, wie ich mich den Kunden gegenüber verhalten sollte. Was war richtig und was falsch? Was sollte ich anziehen? Sollte ich lachen oder ernst sein? Nett sein oder cool? Wie sollte ich laufen? Schnell, langsam? Mit Hüftschwung oder ohne? Was und wie viel sollte ich von mir erzählen? Wie kam ich bei den Kunden an? Die Hoffnung, das Warten, das Heimweh. Ja, das Heimweh war am schlimmsten.

Meinen Eltern wollte ich das nicht sagen. Meine Befürchtung, sie würden sagen, ich solle das alles lassen, war zu groß. Also rief ich in der Agentur an. Ich glaube, ich klang verzweifelt. Ich wünschte mir jemanden, der mich verstand, mich aufbaute und mir weiterhalf. Wahrscheinlich meinten sie es gut, als sie sagten, ich müsste jetzt durch diese harte Schule gehen, dann hätte ich es hinter mir. »Und wenn du denkst, du kannst nicht mehr, dann kannst du noch doppelt so viel.« Als ich auflegte, fühlte ich mich noch schlechter als vorher.

Was ich damals nur ahnte, heute aber weiß: All das hat etwas mit Macht zu tun. Macht über einen Menschen zu haben, der für seinen Traum alles tut und riskiert. Wir Models werden in diesem Business von allen Seiten unterstützt in unseren träumerischen Gedanken. Risiken und Nachteile werden verschwiegen, heruntergespielt oder ausgeblendet. Es werden Pläne entworfen, Luftschlösser gebaut, damit wir immer weitermachen, damit wir nicht aufhören zu träumen und die Branche nicht aufhört, Geld zu verdienen.

Natürlich verdiente auch ich Geld, und zwar gut. Das möchte ich nicht abstreiten und dafür bin ich auch dankbar. Es ist die Schieflage, die mich stört: das Verhältnis, wie viel vom Verdienst am Ende beim Model ankommt, und der Preis, den man als junger Mensch dafür zahlt.

Dieses Business kann blind machen. Im Namen der Verantwortung und der Menschlichkeit sollte es feste Regeln geben, an die sich alle halten müssen, vor allem in Bezug auf Minderjährige.

Die zweieinhalb Wochen in Mailand vergingen irgendwie. Ich verlief mich unzählige Male, wusste häufig nicht, wo ich mich gerade befand, war oft müde und traurig. Meine wesentliche Verbindung nach Hause waren E-Mails, die ich auf einem uralten Laptop schrieb, den meine Mutter mir mitgegeben hatte. Telefonate nach Deutschland waren unglaublich teuer und so sprach ich nur selten mit meinen Eltern, die dafür extra zu einem Nachbarn gingen, der ein Computerprogramm hatte, mit dem sie mich zwar umständlich, aber dafür kostenlos anrufen konnten.

Manchmal holte ich mir mit meiner Mitbewohnerin ein Eis, das wir schweigend nebeneinander aßen. Ansonsten war ich froh, meinen Discman gegen die Einsamkeit dabeizuhaben. Auf ihm konnte ich Hörbücher und Musik hören, anstatt in meine Schulbücher zu schauen. Das wäre mit Sicherheit vernünftiger gewesen, aber ich konnte nicht immer nur funktionieren.

Als ich nach Hause kam, hörte ich, ich hätte tolles Feedback bekommen, alle in Mailand seien richtig begeistert gewesen. Nur: Ich müsse noch ein bisschen abnehmen, dann könne ich im September mit Sicherheit für Calvin Klein oder Prada laufen.

Calvin Klein! Prada! Das ist alles, was jetzt zählt!
Es ist Mai. Ich habe fünf Zentimeter zu viel und drei
Monate Zeit.

5. Kristian Schuller: »I'm beautiful, I'm in«

Ich frage mich oft, warum die Modewelt tickt, wie sie tickt. Um Antworten darauf zu finden, treffe ich mich mit verschiedenen Menschen, die in dieser Welt arbeiten. Mit ihnen möchte ich sprechen, ihre Sicht der Dinge erfahren. Vielleicht, so hoffe ich, entsteht dadurch ein komplexeres Bild, eines, das Fragen beantwortet und Sinn ergibt – für mich und für andere.

Ich treffe den Fotografen Kristian Schuller in seinem Studio in Berlin. Ich möchte seine Sicht auf die Mode- und Modelwelt erfahren, auch, weil die Beziehung zwischen Models und Fotografen eine besondere ist. Oft treffen sie am Set zum ersten Mal aufeinander und müssen auf Anhieb eine Beziehung zueinander entwickeln, die zu guten Fotos führt. Missverständnisse in puncto Professionalität und Nähe sind dabei nie ausgeschlossen.
    Kristian fotografiert international Mode, Beauty und Werbung und ist bekannt für seine aufwendigen, farbgewaltigen Bilder. Seit der zweiten Staffel von *Germany's Next Topmodel* ist er dort in fast jeder Staffel vertreten gewesen, entweder als Fotograf oder als Juror.

Obwohl die Chemie zwischen uns schon bei unserer ersten Zusammenarbeit – einem Editorial für ein spanisches Modemagazin – sofort stimmte, unterscheidet sich unsere Einstellung zur Modewelt in manchen Punkten gravierend. Das merke ich schnell. Bei anderen besteht aber auch Konsens zwischen uns – vorwiegend bei universellen Themen, solchen, die auch im gesamtgesellschaftlichen Zusammenleben von Bedeutung sind. Der höfliche Umgang miteinander beispielsweise. Und dass man sich nicht über andere Menschen stellen sollte, nur weil man es kann.

Unser Gespräch beginnt mit einer Erzählung über Kristians Zeit als Student bei Vivienne Westwood vor 20 Jahren. Er beobachtete damals genau, wie die Designerin mit den Menschen umging, die sie umgaben. Er erinnert sich an einen für ihn prägenden Moment, in dem einem Model ein Kleid zu klein war, das eigentlich für sie vorgesehen war. Vivienne Westwoods Reaktion: »I think we'll find a better one for you.« Die Designerin beklagte sich nicht, sie machte das Model nicht schlecht vor allen anderen, sie sagte einfach nur, man würde ein besseres Kleid für sie finden. Vivienne Westwood machte das Beste aus der Situation und Kristian bewunderte sie dafür.

Kristian sagt: »Von ihr habe ich essenzielle Dinge gelernt.« Lösungs- statt Problemorientiertheit gehört genauso dazu wie der Grundsatz, mit den Leuten am Set gut umzugehen. »Man kann Models auslachen«, sagt er,

»was widerlich und unprofessionell ist. Oder du kannst respektvoll und freundlich sein.«

Warum er mit dieser Geschichte beginnt? Weil er nicht möchte, dass man die gesamte Branche über einen Kamm schert: »Es wirft ein falsches Licht auf die Szene, wenn man nur Negativbeispiele zeigt. Menschen, die sich danebenbenehmen, weil sie denken, sie könnten es sich erlauben, hast du doch in allen Bereichen des Lebens. Das hast du beim Sport, das hast du als Bankangestellter, als Krankenpfleger oder an der Kasse im Supermarkt. Jeder kämpft mit den Waffen, die er hat.«

Ich: »Was meinst du damit?«

Kristian: »Ein Model ist natürlich am einfachsten anzugreifen, wenn ihre Figur angeblich nicht stimmt oder wenn einem Entscheider ihr Gesicht aus irgendeinem Grund nicht passt. Der Sportler wird fertiggemacht, wenn seine Kondition nicht stimmt, und ein Bankangestellter für ein anderes fehlendes Talent, das wichtig für seinen Beruf ist. Egal wie, es wird damit eigentlich nur gezeigt, wie sich Menschen danebenbenehmen können, wenn sie Macht haben – und zwar überall.«

Ich: »Wir wollen jetzt aber über das Modelbusiness reden.«

Kristian: »Dass Models schlecht behandelt werden, kann ich unterschreiben. Das gibt es. Aber es gibt nicht nur das. Es ist mir wichtig zu sagen: Ihr habt doch auch tolle Momente, Wahnsinnsmomente, in denen ihr durch die

Welt reist, die Welt kennenlernen dürft, schon richtig Geld verdient, während eure Freunde noch zur Schule gehen.«

Ich: »Ja, das stimmt, aber es spricht doch nichts dagegen, Wahnsinnsmomente zu haben und trotzdem gut behandelt zu werden.«

Kristian: »Ich persönlich weigere mich, andere schlecht zu behandeln. Ich weiß, dass auch ich nicht perfekt bin – ich vergreife mich manchmal auch im Ton. Dann achte ich aber wenigstens drauf, dass ich mich entschuldige. Das ist mir wahnsinnig wichtig.«

Natürlich möchte jemand wie Kristian, dem ein respektvoller Umgang wichtig ist, nicht mit jenen in einen Topf geworfen werden, die andere Menschen behandeln, als seien sie emotionslose Maschinen, die man programmieren kann, wie es einem beliebt. Verstehe ich. Doch Menschen wie diese gibt es in unserem Business zuhauf. Das Problem: Junge Mädchen, die Models werden möchten, werden darauf entweder gar nicht oder nicht genug vorbereitet. Ich frage Kristian, was er mit seiner Erfahrung jungen Mädchen raten würde.

Kristian: »Ich würde sie zu einer Agentur schicken, zu der ich Vertrauen habe. Ich würde ihnen sagen, sie sollen drauf achten, wie die Mitarbeiter der Agentur auf sie reagieren und ob sie sie mögen. Ich würde ihnen von jeglichem Modeltraining abraten, denn wenn du gut bist, nimmt der Markt dich auch so.«

Ich: »Was noch?«

Kristian: »Ich würde versuchen, ihnen gewisse Vorsichtsmaßnahmen zu vermitteln. Aber ganz ehrlich, wenn ich einer Fünfzehnjährigen erkläre, sie solle zum Beispiel lieber nicht ins Berghain gehen, weil da eine ganz böse Welt drin ist, dann wird sie sagen: Danke, lieber Onkel, dass du mir das erklärt hast, ich werde da nicht hingehen. Und dann geht sie trotzdem.«

Ich: »Die Frage ist also, wie schütze ich einen Teenager, der gar nicht beschützt werden möchte?«

Kristian: »Das ist das Problem: Modeln ist die totale Verführung. Es ist die Carte blanche, den Aufzug zu nehmen, der dich vermeintlich nach oben schießt. Als Fotograf, als Stylist, als Designer musst du zehn Jahre lang studieren, assistieren, ich weiß nicht was alles, um diesen Raum betreten zu dürfen. Denselben Raum, zu dem das Model einfach die Abkürzung nimmt: I'm beautiful, I'm in. Glaub mir, ich bin alt genug, um das alles zu sehen und erklären zu können. Und alle Mütter dieser Welt werden das auch verstehen.«

Ich: »Und dir wahrscheinlich zustimmen.«

Kristian: »Alle jenseits der fünfundzwanzig werden sagen: Na klar, so viel Verführung bei gleichzeitig so viel Eigenverantwortung kannst du einem Teenager nicht zumuten. Aber erklär das mal einem Teenager! Und damit sind wir wieder bei der Grundproblematik: Diese Verführung, diese Hoffnung, diese Chance, von dort, wo du gerade bist, in den Himmel zu schießen. New York, Rio, Tokio: Hallo Welt, ich komme! Wie erklärst du denen das?«

Ich: »Das zumindest ist der Traum, der immer verkauft wird.«

Kristian: »Klar reden wir hier von der Variante, bei der du wirklich erfolgreich bist, bei der du wirklich nach Paris, Mailand und New York fährst und dort auf den Modenschauen läufst. Wir reden nicht von der Variante – die es natürlich auch oft gibt –, dass du als Model nur von Party zu Party geschleppt wirst, um schönes Beiwerk zu sein.«

Ich: »Auch darüber wird viel zu wenig oder gar nicht gesprochen.«

Kristian nickt, schaut mich an, legt den Kopf schräg und stellt die Frage, die mir in den letzten Monaten so oder so ähnlich häufig gestellt worden ist: »Warum hast du das alles überhaupt so lange gemacht, wenn dir das Business so zuwider ist?«

Ich: »Weil ich natürlich auch schöne, tolle, aufregende Momente hatte. Das bestreite ich nicht. Gleichzeitig habe ich viele Dinge erst rückblickend verstanden. Es geht mir um Verantwortung und Aufklärung. Die meisten Mädchen fangen doch an, wenn sie physisch und psychisch noch nicht reif sind. Zumindest nicht so weit, dass sie genau verstehen, was da alles abgeht. Sie werden da reingeschmissen ...«

Kristian: »Und schmeißen sich selber auch mit wahnsinnigem Schwung rein. Da müssen wir jetzt aber fair sein.«

Ich: »Wenn du eine Tochter hättest, dürfte sie mit fünfzehn losziehen, um zu modeln? Ich meine, ohne dich?«

Kristian: »Definitiv nicht. Das würde ich kategorisch ablehnen. Ich denke, keine Fünfzehnjährige sollte alleine durch die Welt reisen. Ich weiß aber auch, dass mir alle Fünfzehnjährigen an die Gurgel gehen, wenn ich das sage.«

Ich: »Ja klar, ich wollte das auch durchziehen und mir nichts sagen lassen. Auf jeden Fall. Aber deshalb denke ich, dass Aufklärung so wichtig ist. Ich hatte ein paar meiner Modelkolleginnen gebeten, von ihren Erfahrungen zu berichten, weil wir doch die Idole von jungen Mädchen sind. Auf uns hören sie mehr als auf Mama und Papa.«

Kristian: »Und?«

Ich: »Die meisten hatten Angst, dass sie keine Jobs mehr bekommen, wenn sie ihren Mund aufmachen. Das ewige Machtspiel. Bist du nicht dankbar, redest du schlecht über die, die über dir stehen, bist du raus. Und zwar genauso schnell, wie du drinnen warst.«

Kristian nickt. »Das kann übrigens auch andersherum passieren. Ich meine, dass ein anderer keinen Job mehr bekommt, weil ein Model den Mund aufgemacht hat.« Dann erzählt er von einem Shoot, bei dem sich das Model im Nachhinein über ihn beschwerte. »Da bin ich fast in

Ohnmacht gefallen. Ich bin bestimmt nicht der Liebste von allen, bin straight und professionell, aber ich benehme mich am Set den Menschen gegenüber gut.« Kristian rief die Agentur des Models an, fragte sein Team, wie sie die Situation empfunden hatten, wollte die Sache klären. »Am Ende stellte sich heraus, dass alles nur halb so schlimm war und dass aus einem energischen Reden durch die stille Post ein Anbrüllen geworden war.« Trotzdem ist er seitdem vorsichtig. Er sagt: »Die Zeiten haben sich geändert. Das ist gleichzeitig gut und schlecht.«

Ich: »Inwiefern?«

Kristian: »Als ich ein junger Fotograf war, galt es als Kavaliersdelikt, sich danebenzubenehmen, wenn man ›in charge‹ war. Wir wussten alle, welche Fotografen einen bestimmten Ruf hatten. Und es ist gut, dass viele von ihnen durch die MeToo-Debatte heute nicht mehr arbeiten können.«

Ich: »Warum ist das so, dass alle es wissen und keiner den Mund aufmacht? Mir wurde bei bestimmten Fotografen auch schon gesagt, wenn der dich shooten möchte, dann machst du das aber trotzdem! Das schaffst du schon! Ich persönlich habe mich nie sexuell belästigt gefühlt. Zum Glück, muss ich sagen. Aber dass Models nach einer Belästigung den Mund aufmachen, halte ich für Einzelfälle.«

Kristian: »Das ist eine Entwicklung und die braucht Zeit. Ich hoffe, dass diese Form von Gleichberechtigung und Emanzipation noch stärker wird und solche Dinge irgendwann keinen Platz mehr in der Gesellschaft haben.«

Ich: »Diese Veränderung ist also das Gute an der Me-Too-Debatte. Und was ist daran schlecht?«

Kristian: »Einerseits ist sie, wie gesagt, aus sehr guten und auch wichtigen Gründen entstanden. Andererseits führt sie gleichzeitig dazu, dass Karrieren beendet sein können, weil eine Person über die andere Person sagt, sie habe sie vor zwanzig Jahren angefasst. Und die Tatsache, dass so etwas ausgesprochen wird, reicht aus. Nicht die Tatsache, dass es bewiesen und der Mensch rechtskräftig verurteilt wird, wie es in einer Demokratie eigentlich sein müsste. Es darf jetzt nicht das andere Extrem entstehen, dass nur ein Wort zur sexuellen Belästigung wird. Grundsätzlich gilt: Benimm dich einfach anständig. Punkt! Aber das gilt für alle Lebensbereiche.«

Ich wünschte, alle Menschen würden das so sehen und respektvoll miteinander umgehen. Aber wir wissen beide, dass es so nicht ist. Es geht hier um Machtausübung auf drei verschiedenen Ebenen: der finanziellen Ebene, der Altersebene und der Ebene der Entscheider über die Jobs. Und auf allen drei Ebenen haben Models wenig bis keine Macht. Sie sitzen nicht am Jobhebel – es sei denn, sie sind Supermodels –, sie haben keine Gewerkschaft, die ihre Interessen vertritt, und sie sind immer darauf angewiesen, dass die Kunden rechtzeitig zahlen und die Agenturen das Geld dann zügig und in richtiger Höhe überweisen, was zu einer großen Abhängigkeit von den Agenturen führen kann. Schließlich die Altersebene: Jung trifft auf Alt, unerfahren auf erfahren.

Kristian: »Diese Branche ist verdammt erwachsen und sollte eigentlich auch nur Erwachsenen vorbehalten sein. Hier aber treffen ständig Fünfzehnjährige auf Fünfundvierzigjährige. Das ist wie bei Sportlern.«

Den Vergleich zwischen der Sport- und der Modewelt höre ich oft, wobei der Erfolg beim Sport natürlich messbar und viel weniger willkürlich ist als beim Modeln. Trotzdem frage ich nach, auf welcher Grundlage Kristian den Vergleich zieht.

Kristian: »Beim Sport treffen auch sehr junge auf sehr alte Menschen. Du hast die Machtmenschen und du hast die jungen Menschen, die sehr hart arbeiten und einer extremen Disziplin ausgesetzt sind – einer Disziplin, die andere in ihrem Alter gar nicht kennen und sich nicht vorstellen können. Sportler und Models fangen außerdem etwa im gleichen Alter an, in Leistung zu gehen, und stehen vergleichbar im Fokus. Der Unterschied ist, beim Model sagt die Gesellschaft: Wie kann man es einem jungen Menschen antun, so abnehmen zu müssen? Beim Sportler sagt die Gesellschaft: Der ist aber fett. Der ist doch nicht in Form! Und der soll für die deutsche Nationalmannschaft spielen?«

Ich: »Aber das sind doch zwei verschiedene Sachen.«

Kristian: »In letzter Konsequenz: nein. Wenn ich mich für das Modeln entscheide, entscheide ich mich für eine Welt, die definiert ist durch Konfektionsgröße sechsunddreißig. Ich rede hierbei nicht von Size Zero, nicht von der Haute Couture. Das ist noch mal etwas anderes. Wenn du keinen Bock auf Disziplin hast, wenn du die Vorgaben nicht erfüllen magst, dann musst du aussteigen. Das ist die professionelle Seite des Business. Es geht ja nur darum, wie damit umgegangen wird. Niemand muss den Mädchen gegenüber menschenverachtend und arrogant sein und seine Macht missbrauchen.«

Ich: »Wir müssen hier aber von Size Zero sprechen. Die Agenturen wollen, dass man erst eine Karriere hat.«

Kristian: »Wie meinst du das?«

Ich: »Mir wurde immer gesagt, lauf ein paar gute Shows, die Coutures, dann kriegst du hinterher bessere Jobs. Erfolg misst sich an Shows, Covers und Editorials. Das steigert deinen Marktwert.«

Kristian: »Ich glaube, Erfolg geht auch anders. Man muss die Mädchen aufklären. Hier ist übrigens der Unterschied zum Sportler: Ein Sportler wächst ja in den Sport hinein und fängt in jungen Jahren an. Und wenn der erste reale Vertrag kommt, dann springt der nicht von null auf hundert. Er hat sich schon vorbereitet, es wird dann nur viel härter. Bei euch ist es ja so, dass von heute auf morgen der Schulweg abgebrochen ist. Aus der Schule wird der Laufsteg und aus dem Schulbus ein Jet. Du bist in New York, wirst in eine Limousine gesetzt, von der du nicht weißt, dass sie dir später auf die Rechnung gesetzt wird. Du musst schon sehr reif und erwachsen sein, um das alles zu verstehen, zu durchschauen, drüberzustehen und dich darum zu kümmern, dass der Teil der Gage, der dir auch wirklich zusteht, bei dir bleibt. Wenn man nicht aufpasst, bleiben von fünftausend Euro nur fünfhundert Euro übrig.«

Ich: »Ich halte es für legitim, bestimmte Posten vom Honorar abzuziehen. Aber dann sollte es transparent und fair sein und vor allem klar kommuniziert werden. Ich wusste das am Anfang auch nicht. Da standen ganz andere Dinge im Vordergrund. Alle sagten mir, das ist deine Chance, du musst das jetzt machen, hör mit der Schule auf. Und es hieß, wir Models müssten am Anfang vor allem Shows laufen und tolle Editorials machen. Wir wurden gebrainwashed, dass wir erst mal ganz dünn sein müssen.«

Kristian: »Das ist im Prinzip ja auch der richtige Weg. Die Frage ist nur, warum man für Editorials so dünn sein muss.«

Ich: »Wer bestimmt, dass die Frauen so schlank sein müssen? Und wer hat die Macht, das zu verändern?«

Kristian: »Die Gesellschaft gibt vor, wie die Models auszusehen haben.«

Ich: »Das bezweifele ich.«

Kristian: »Ich als Fotograf hab eher ein Problem damit, wenn Mädchen zu schmal sind. Ich mag das nicht.

Ich persönlich frage mich auch, warum wir uns alle so anstrengen. Warum machen wir nicht alles eine Konfektionsgröße größer? Eine ganz normale Größe für schlanke Personen?«

Ich: »Ja, warum nicht? Das würde vielen Frauen ein gestörtes Verhältnis zu ihrem Körper und zum Essen ersparen.«

Kristian: »Warum das nicht so ist, müssen wir die Designer fragen. Es ist doch wirklich egal, ob ein Mädchen ein bisschen mehr hat, wenn die Klamotte toll aussieht. Haben die Designer so wenig Vertrauen in ihre Klamotten?«

Ich: »Das frage ich mich auch.«

Kristian: »Das ganz große Geld kannst du als Model sowieso nicht machen, wenn du ganz dünn bist, denn das Geld ist dort, wo Kampagnen geschossen werden, in denen die Mädchen gesund aussehen müssen. Deswegen verstehe ich auch nicht, warum die Mädchen überhaupt so ganz schmal sein müssen. Warum kann man das nicht gleich überspringen? Ich brauche es nicht vor der Kamera. Was ich vor der Kamera brauche, sind Gesichter und ein Körper, der das Ganze tragen kann. Ich brauche spannende Gesichter, die mir Geschichten erzählen können. Ich brauche Menschen, die es in jungen Jahren schon schaffen, Charakter reinzubringen. Das ist sehr, sehr schwer. Es ist nicht wahr, dass Models charakterlose Wesen sein sollen. Ganz im Gegenteil. Die wirklich Guten sind die,

die sehr viel Charakter haben und das auch zeigen, die von sich aus Ecken und Kanten mitbringen. Darin fängt sich das Licht, darin fängt sich die Geschichte, darin fängt sich das Thema.«

Kristian gerät ins Schwärmen und spricht mir gleichzeitig aus dem Herzen. Und er macht weiter: »Wenn man sich heute Gucci-Castings anschaut, dann sieht man, dass ein Model verrückter und schräger ist als das andere. Das geht doch wunderbar. Wen interessiert denn diese eine Größe mehr oder weniger, die für diejenigen, die sie abnehmen müssen, den Horror bedeuten, weil sie ständig aussehen müssen, als seien sie vierzehn?«

Ich: »Wo also kann man ansetzen? Gesetze werden nicht funktionieren, weil es keine globalen Gesetze gibt. Also sind doch eigentlich die Agenturen in der Verantwortung, ihre Models insoweit zu schulen oder auch an die Hand zu nehmen und zu begleiten, dass sie, wenn sie in jungen Jahren schon anfangen zu modeln, weder psychisch noch physisch daran kaputtgehen.«

Kristian: »Das denke ich auch, denn sie übernehmen bei den jungen Mädchen und bei den jungen Männern die Elternrolle. Das heißt, sie sind auch offiziell auf dem Papier ihr Verteidiger, ihr Beschützer. Nun ist es aber so, dass die Agentur beim Kunden anrufen muss, wenn es Beschwerden vonseiten des Models gibt. Gleichzeitig hat die Agentur dann natürlich Angst, dass der Kunde sagt, fuck you, mit dir arbeite ich nicht noch mal zusammen.

Und dann sind wir wieder am Anfang: wie schäbig Menschen sein können.«

Ich: »Die Verantwortung liegt also bei den Agenturen, aber auch bei den großen Modehäusern. Gesetze werden nichts bringen, denn wenn wir in Deutschland ein Gesetz haben, das beispielsweise in Russland nicht gilt, dann werden eben nur noch russische Models gebucht.«

Kristian: »Also: Abgesehen davon, dass ich davon ausgehe, dass nicht alle Models einen Schaden davontragen und der Großteil zufrieden auf seine Karriere zurückblickt, wie erziehen wir diese Branche? Hier und heute? Wie bereiten wir junge, hungrige, abenteuerlustige Menschen vor? Mädchen wie Jungs? Die MeToo-Debatte hat auch in der Modebranche zu einem Aufwachen geführt und zu der Erkenntnis, dass man sich nicht so verhalten und benehmen kann, wie man gerade lustig ist.«

Ich: »Das hoffe ich sehr.«

Vivienne Westwood sei die Erste gewesen, von der er das gelernt habe, erzählt mir Kristian am Ende. Das habe er nie vergessen, auch nicht, als die Redakteurin einer bekannten Modezeitschrift kurz nach seiner Zeit bei Westwood scherzhaft zu ihm sagte: »Du bist zu freundlich. Du wirst es zu nichts bringen!« Da antwortete Kristian: »Mag ja sein, aber ich werde wenigstens ein schönes Leben haben.«

6. New York: Die erste Fashion Week

Im Sommer 2009, drei Monate nachdem ich in Mailand gewesen war, meinte meine Agentur, ich sei bereit für die Shows in New York. Ich hatte Schulferien und konnte es kaum glauben: das erste Mal USA, das erste Mal New York. Mein Englisch war durch meinen Schüleraustausch in England okay, aber nicht überwältigend. Doch da mir meine Eltern inzwischen alles zutrauten und sich überhaupt keine Sorgen mehr um mich machten, war ich überzeugt davon, dass das der Trip meines Lebens werden würde. Über die USA wusste ich nur, dass es das Land des Fast Food war, was mir Angst machte. Schließlich wollte ich meine Maße halten, besser noch: weiter reduzieren. Mama packte mir Brot, Trockenfrüchte, Nüsse und einen Zettel in den Koffer, auf dem stand: »Pass auf Dich auf, kleine Motte. Wir haben Dich soooo lieb.« Eine Freundin von mir schenkte mir eine Fotocollage, die sie für mich gebastelt hatte und die mir bei Heimweh helfen sollte. Es tat gut zu wissen, dass sie alle an mich dachten – und an mich glaubten.

Dann saß ich im Flugzeug, eingekuschelt in einen großen Schal. Ich beobachtete die Stewardessen, wie sie das Essen – »Chicken or pasta?« – servierten. Auf dem Bildschirm vor mir sah ich, wie sich das Flugzeug immer weiter weg von zu Hause bewegte. Ich wusste nichts, weder, was mich erwarten, noch, wo ich genau wohnen würde. Das Einzige, was mir gesagt worden war: Ein Fahrer würde mich am Flughafen abholen und in ein Modelapartment bringen. Und tatsächlich stand da nach meiner Ankunft ein Mann mit einem Schild in der Hand, auf dem mein Name stand. Ich gab ihm ein Zeichen, dass ich es sei, sagte »Hallo« und lächelte. Er nahm wortlos meine Koffer und ging vor mir her.

Wir fuhren durch Manhattan, am Times Square vorbei. Es war dunkel, aber Tausende von Lichtern leuchteten. Ich sah die riesigen Hochhäuser und bunten Reklamen, Taxis, Menschen, überall. Ich bekam Gänsehaut und hätte stundenlang weiterfahren können, doch an der Upper East Side hielt der Fahrer vor einem Haus an und sagte: »Wir sind da. Vierundzwanzigster Stock.«

Ich stieg aus, fuhr mit dem Fahrstuhl nach oben, klingelte. Eine Frau, Mitte 30, eher klein, mit freundlichen, aber müden Augen, öffnete, sagte »Hi« und führte mich in zwei Zimmer, in denen jeweils zwei Stockbetten und ein Einzelbett standen. »Such dir ein Bett aus.« Ich entschied mich für das obere eines Stockbetts. Dort, glaubte ich, würde ich die meiste Ruhe haben. Die Frau hatte auch ein Zimmer in der Wohnung, das sie im Gegensatz zu uns mit niemandem teilen musste. Sie sollte auf uns aufpassen, war aber fast nie da, und wenn, dann schloss sie sich in ihrem Zimmer ein. Manchmal schimpfte sie, wenn einige von uns feiern gewesen waren und betrunken nach Hause kamen. Irgendwie war sie wie ein Geist: nie zu sehen, aber immer zu spüren.

Ich schaute mich um. Gemütlich war es nicht, aber auch nicht zum Davonlaufen. Ich hatte allerdings auch einen guten Tag zum Ankommen erwischt: den Putztag der Haushaltshilfe. Sie kam alle zwei Wochen, zwischendrin mussten wir selber dafür sorgen, dass die Wohnung ordentlich blieb. Das war, je nach Mitbewohnerinnen, mal mehr, mal weniger einfach. Fremde Haare im Abfluss waren jedenfalls immer da und immer das Ekligste. Ansonsten hatte jede von uns ein eigenes Fach im Kühlschrank, auf das wir selber achten mussten. Eine Waschmaschine und einen Trockner gab es auch. Dort sollte jede vor ihrer Abreise das Bettzeug waschen, was nicht alle machten. Und so wusste ich nicht immer genau, wer außer mir gerade in dem Apartment lebte. In der Regel machten hier alle nur ihr Ding. Es war sehr anonym und – obwohl ich es in Mailand ja schon ähnlich erlebt hatte – sehr anders, als ich es von zu Hause gewohnt war.

Bei meiner Ankunft wusste ich all das noch nicht. Es spielte auch keine Rolle, denn es war ohnehin alles so aufregend, dass ich mir nicht einmal Gedanken darüber machte, mit vier fremden Menschen in einem Zimmer schlafen zu müssen.

Was wird passieren? Wird mich jemand buchen? Werde ich eine Show laufen? Gar eine der großen? Fliege ich als Topmodel nach Hause, so wie sie es mir in der Agentur immer wieder gesagt haben?

Ich legte meine Sachen ab und ging in die Küche, wo eine meiner Mitbewohnerinnen stand. Sie hatte gesehen, dass ich gerade angekommen war, begrüßte mich freundlich und fragte nach meinem Namen und woher ich kam.

»Hi, ich bin Melissa«, sagte sie auf Deutsch. »Ich komme aus der Schweiz.«

Ich war froh, Deutsch sprechen zu können, und wahnsinnig erleichtert, als sie mir sagte, sie würde mich am nächsten Tag mit in die Agentur nehmen. Das gab mir ein Gefühl von Sicherheit.

Wir unterhielten uns noch kurz, aber ich merkte schnell, wie müde ich eigentlich war. Also bezog ich mein Bett mit dem zerknitterten, mit Weichspüler parfümierten Bettzeug, das daneben lag, und schlief sofort ein. Ich träumte, dass Calvin Klein mich buchen würde. Das war mein Ziel. Dafür war ich hier. Für ihn zu laufen war für viele Models das Größte, denn dann kam man auf eine inoffizielle Hotlist und wurde direkt weitergebucht für die nächsten Fashion-Week-Städte: London, Mailand und Paris. Wer die Show eröffnete oder schloss, also als Erstes oder als Letztes auf dem Laufsteg zu sehen war, hatte hinterher noch bessere Karten.

Calvin Klein muss sich dieser Macht bewusst gewesen sein. Seine Castings waren immer Massenveranstaltungen, zu denen alle Models zu exakt der gleichen Uhrzeit bestellt und bei denen dann ihre Portfolios eingesammelt wurden, sodass sie in dieser Zeit zu keinen anderen Castings gehen konnten. Dann hieß es: warten. Oft stundenlang. Hunderte Models saßen auf dem Boden. Es gab keine Toilette, kein Wasser, natürlich auch kein Essen. Wer trotzdem rausgehen wollte, dem wurde gesagt: »Dann wird das hier nichts.«

Vier, manchmal fünf Stunden später, nach etlichen verpassten Castings, wurde man aufgerufen. Es waren jeweils fünf Models pro Runde. Alle mussten ein kurzes schwarzes, enges, stinkendes Kleid anziehen und vor den Casting-Direktoren auf und ab laufen. Die Chance, gesehen zu werden, dauerte 20 Sekunden. Maximal. Das war bei den meisten Castings so. Dann war man entweder im Recall, auch Requested genannt, der die Chance bot, zum Call-Back eingeladen zu werden, der eine weitere Chance bot, es zum Fit-to-Confirm zu schaffen, das eine weitere Chance bot, zum Fitting eingeladen zu werden, das die Chance bot, bei der Show zu laufen. Oder du warst raus. Die meisten waren raus.

Auch das alles wusste ich in dieser ersten Nacht in New York noch nicht. Heute frage ich mich, ob das etwas geändert hätte.

Am nächsten Morgen wachte ich mit knurrendem Magen auf und freute mich darüber. Ein knurrender Magen war für mich immer ein Zeichen dafür, dass mein Körper jetzt Energie brauchte, und wenn ich sie ihm nicht von außen zuführte, dann musste er sich an sich selbst bedienen. Ich bildete mir ein, er würde dafür an die Fettreserven gehen. Dass mein Körper sich dabei auch irgendwann selbst zerstörte, war mir nicht klar. Ich werde in Kapitel 11 *(Erfolgshunger)* noch näher darauf eingehen.

An diesem Tag freute ich mich also über mein Loch im Bauch und aß auch nichts, für den Fall, dass sie mich in der Agentur messen würden. Das Frühstück sollte schließlich nicht den entscheidenden Zentimeter zu viel liefern.

Außer mir und Melissa fuhren noch zwei weitere Models aus unserem Apartment mit in die Agentur. In der U-Bahn-Station wehte ein leichter Wind, der guttat, denn es war schon jetzt drückend heiß in der Stadt. Melissa sagte: »Pass auf, gleich frierst du« und lachte.

»Bestimmt nicht«, antwortete ich.

»Doch. In New York drehen sie die Air Condition gerne voll auf. Vor allem in der U-Bahn.« Doch die Bahn war so voll, dass ich von der Kühle nichts mitbekam. Von der Luft zum Atmen übrigens auch nicht.

Am Union Square stiegen wir aus, nahmen den South-West-Ausgang und fuhren mit der Rolltreppe nach oben. Niemals hätte ich den Weg vom Apartment hierher alleine gefunden und war froh, dass sich Melissa so verantwortlich fühlte. Oben angekommen, sah ich mich um: Auf den Bänken saßen Menschen und tranken Kaffee, an allen Ecken spielte jemand Musik, zwischendrin lief eine Kindergartengruppe, am auffälligsten aber war die Menschenmenge, die sich um ein paar Kameras gebildet hatte. Melissa sagte: »Oh ja, das ist Tyra Banks. Die hat eine TV-Show.« Ich bekam Gänsehaut.

Dieser riesige Platz, die vielen Menschen,
die Hektik, die Stimmung, die Hochhäuser,
die Hitze, die Kameras. Und ich mittendrin.

In der Agentur wurden wir vom Booker überschwänglich begrüßt: »Nice to see my new faces!« Küsschen links, Küsschen rechts. Er zog High Heels aus dem Schrank und rief: »Girls, let's go!« Dann machte er Musik an und wir sollten den Flur auf und ab laufen. Er rief die anderen Booker, damit sie uns sahen.

»I loooove your walk«, sagte einer, »and your fierce look« – meinen ernsten Blick. Innerlich machte ich Luftsprünge. Besser könnte es nicht laufen, dachte ich und sah mich in Gedanken schon auf den Laufstegen.

Die Realität kam mit einem Stadtplan zurück, den uns der Booker in die Hand drückte. Er sagte, dieser müsse von nun an unser treuester Begleiter werden, ohne ihn hätten wir keine Chance. Der Booker hatte recht: Ohne Stadtplan waren wir verloren. Das kannte ich auch schon aus Mailand. Dazu erklärte er uns die wichtigsten Dinge für die Castings und gab uns anschließend einen Umschlag mit 80 Dollar Taschengeld, das uns wie alle Ausgaben, die die Agenturen für uns machten, vom Honorar abgezogen wurde, sobald wir einen Job hatten. Auch das kannte ich schon. Da man bei jeder Auslandsagentur ein eigenes Konto hatte – ein Minus in den USA also beispielsweise nicht durch ein Plus bei der Mutteragentur in Deutschland ausgeglichen wurde –, wurde man immer sehr schnell nach Hause geschickt und nicht wieder angefragt, wenn man keine Jobs an Land zog. Dann wussten sie: Mit ihr machen wir hier kein Geschäft. Mir ist das nie passiert, aber viele Models, die ich im Laufe meiner Karriere kennenlernte, sah ich einmal und nie wieder.

In den folgenden Tagen machte ich ein paar Castings zum Warmwerden und lernte die Stadt besser kennen. Gleichzeitig spürte ich großen Druck. Ich durfte das hier nicht vermasseln. Wie oft war mir in Deutschland gesagt worden, wie groß mein Potenzial doch sei, und jetzt sagte das meine New Yorker Agentur auch. Gescheitert nach Hause zurückzukehren war für mich keine Option. Irgendeine Show musste ich laufen, je größer, desto besser.

Am vierten Tag sagte unsere Hausmutter, es käme noch ein weiteres Model ins Apartment. Ich war genervt. Warum, kann ich nicht genau erklären. Vielleicht, weil das noch mehr Konkurrenz bedeutete. Ich dachte, hoffentlich ist sie nicht blond, schläft im anderen Zimmer, hört nicht laut Rammstein und telefoniert nicht die halbe Nacht unter der Bettdecke, so wie die Mitbewohnerin im Bett unter mir. Sie telefonierte immer, wenn in ihrem Heimatland Tag war und bei uns Nacht. Und obwohl sie dabei ihre Decke über den Kopf zog, wachte ich ständig davon auf und war entsprechend unausgeschlafen, von meinem eigenen Jetlag gar nicht zu sprechen.

Es klingelte.

Niemand öffnete.

Es klingelte wieder.

Ich rollte mit den Augen, stand auf und ging im Pyjama zur Tür.

Dort stand Cici: dunkle Augen, dunkle Haare, dunkle Haut, wunderschön.

Sie hatte eine Boyfriend-Jeans an, eine riesige Prada-Tasche am Arm und lief zielstrebig ins Apartment. Sie wirkte gestresst und wahnsinnig eingebildet. Ich zeigte ihr die Zimmer, und da Cici mich genauso unsympathisch fand wie ich sie, entschied sie sich für das andere Zimmer. Heute weiß ich, wie aufgeregt und unsicher sie in diesem Moment war und dass sie versuchte, es zu überspielen, indem sie alles ins Gegenteil verkehrte.

Als die Fashion-Week-Castings losgingen, war das der pure Horror. Wir liefen alle den ganzen Tag kilometerweit durch die Stadt, aßen nichts, waren in der einen Minute hoffnungsvoll, wurden in der nächsten nicht angeschaut, abgelehnt, waren enttäuscht, verunsichert, weinten, hetzten weiter zum nächsten Ort. Auf unseren Casting-Zetteln, die wir abends ins Apartment gefaxt bekamen, stand fett und unterstrichen, wir dürften auf gar keinen Fall irgendwo zu spät kommen, doch jedes Mal warteten wir dann doch eine halbe Ewigkeit auf diesen kurzen Moment, auf den es ankam. Dann hörten wir Dinge wie:

»Oh, I can't find you on the list. I think you weren't invited.«

»Work on your body!«

»Maybe go on a little diet.«

»Thanks.«

»Next!«

Manchmal sagten sie auch einfach nichts.

Dieser irrsinnige Druck. Es war unmöglich, es zu allen Terminen zu schaffen, doch ich dachte die ganze Zeit, ich müsste es. Wenn die Agentur das sagte, dann musste es sein. Schließlich hatten meine Booker jahrelange Erfahrung und ich nicht. Dass es allen anderen Models genau wie mir ging, erfuhr ich erst später, was den Druck nicht weniger werden ließ, nur das Gefühl, gerade komplett zu versagen.

Eines Nachmittags sah ich Cici auf der Straße mit einem Stadtplan in der einen und einem Müsliriegel in der anderen Hand. Ich selbst hatte vielleicht acht von vierzehn Castings geschafft, mich Dutzende Male verlaufen und natürlich noch nichts gegessen. Meine Füße waren wund und geschwollen, es war unglaublich heiß. Ich wollte schon die Straßenseite wechseln, ihr bloß nicht begegnen, als ich bemerkte, wie traurig und hilflos sie aussah. Da war nichts mehr vom Hochmut des ersten Tages in ihrem Gesicht.

Es war auch ihre erste Fashion Week in New York und ich wusste genau, wie sie sich fühlte: am Ende. Ich ging zu ihr. Sie lächelte, als sie mich sah, fragte, ob ich einen Bissen von ihrem Müsliriegel abhaben wolle, brach ein Stück ab und hielt es mir hin.

»Ich kann nicht mehr«, sagte ich.

Da fing sie an zu weinen. Am liebsten wäre ich mit ihr ins nächste Café gegangen und hätte einen großen Kaffee getrunken, aber wir mussten beide wieder los. Und so blieb uns nichts, als uns kurz zu umarmen und der Hoffnung weiter hinterherzurennen.

So enttäuschend die ersten Tage für mich waren, so erfolgreich wurden die nächsten. Ich wurde für viele Shows gebucht, keine der großen zwar – für die großen Designer war ich immer noch nicht dünn genug –, aber trotzdem. Ich war der Typ, der in diesem Jahr gefragt war: blond, helle Haut, wandelbar, unschuldig. Ich war stolz und gleichzeitig enttäuscht, es nicht ganz nach oben geschafft zu haben, weil es immer hieß, die erste Saison sei die wichtigste. (Fun Fact: Als ich nach Hause kam, hieß es dann, ganz nach oben könne man es auch noch in der zweiten Saison schaffen, ich solle nur an meinem Körper arbeiten, sie fänden mich in New York ansonsten alle ganz toll.)

Von den Models aus meinem Apartment hatte ich am meisten zu tun. Ich arbeitete Tag und Nacht, rannte von Castings zu Fittings, von Fittings zu Shows und wieder zu Castings und kam fast immer mit einer dicken Schicht Make-up im Gesicht und zerzausten Haaren nach Hause. Erschöpft kämpfte ich eines Nachts mit meinen toupierten und mit Haarspray fixierten Haaren. Es gelang mir nicht, sie zu entwirren, und weil ich so unglaublich müde war und mir alles wehtat, liefen mir schließlich die Tränen über das Gesicht.

Ich weiß nicht, warum Cici in mein Zimmer kam, vielleicht hörte sie mein Schluchzen oder mein Fluchen. Sie sagte: »Setz dich.« Dann nahm sie meine Bürste und fing an, meine Haare Strähne für Strähne zu entwirren. In dieser Nacht wurden wir Freundinnen, die besten – und sind es bis heute.

7. Wie Konkurrenz das Business befeuert

Ich traf Cici ausgerechnet in der Zeit, in der die Rivalität unter Models am größten ist: während der Fashion Week. Vielleicht wurden wir nur Freundinnen, weil wir gegensätzlicher nicht aussehen könnten und dadurch nie besonders große Konkurrenzgedanken hatten. Platz für Freundschaften gibt es in der Branche allerdings kaum, so bitter das auch klingen mag und sosehr ich mir wünschte, es wäre anders. Der Grund: Models haben dafür zu kurze, unstete, über die ganze Welt verstreute und letztlich kompetitive Karrieren. Wenn wir nicht um Jobs konkurrieren, dann um die Gunst von Agenten, Casting-Direktoren, Fotografen oder großen Kunden. Es geht darum, wen du kennst, wer dich kennt und dir wohlgesonnen ist. Zufälle und Beziehungen: Sie entscheiden maßgeblich über Erfolg und Misserfolg.

Ich hatte immer eine Handvoll Freundinnen, die mir unheimlich wichtig waren und es nach wie vor sind. Sie waren vielleicht die Einzigen, die nachvollziehen konnten, was bei mir los war – ob es die Freude über einen ganz bestimmten Job war, die Erschöpfung nach den Fashion Weeks oder die Wut über Zentimeter, die nicht verschwinden wollten. Nicht zuletzt durch meine Beziehung zu ihnen weiß ich, dass Freundschaften und – als Folge davon – Solidarisierungen, Zusammenschlüsse, vielleicht sogar gewerkschaftliche Organisationen vieles verbessern könnten. Und ja: Es gibt Beispiele und Anfänge, die Hoffnung machen. Darüber erzähle ich in Kapitel 17 *(Aktivisten und Allianzen)* mehr. Doch dieses Business fußt wie kein anderes auf Konkurrenz, nicht auf Solidarität. Das ist es, was es so schwer macht, sich gegenseitig zu empowern und zu vertrauen.

Zurück zu den Fashion Weeks: Egal ob in New York, London, Mailand oder Paris, überall besuchen Hunderte von Models dieselben Castings, immer mit dem Wissen im Hinterkopf, dass nur rund 20 von ihnen ausgewählt werden. Unter den Models heißt es oft, es stehe sowieso schon längst fest, welche Mädchen genommen würden, vor allem bei den großen Shows. Von den Agenturen wird man trotzdem dorthin geschickt: »Geh hin, wer weiß, wer gerade zufällig an dir vorbeiläuft und dich entdeckt.«

Der Erfolg im Modelbusiness ist so unberechenbar, dass man immer auf Zufälle setzen muss. Vielleicht ist da irgendein Stylist oder Casting-Direktor, dem du gefällst, der dich toll findet. Also gehst du hin, egal wie hungrig oder müde du bist, egal ob du schon ein Dutzend Castings an diesem Tag besucht hast. Du betrittst den Raum, der längst überfüllt ist, manchmal kommst du nicht mal in irgendeinen Raum hinein, sondern musst dich im Treppenhaus oder auf der Straße in eine Schlange stellen, die dich dann zu einer anderen Schlange bringt, durch die du zur Hauptschlange gelangst. Kommst du an, fragst du so cool wie möglich: »Who's last?«, bleibst dann hinter derjenigen stehen, die sich meldet, und behältst sie im Auge.

Die meisten sind müde und genervt, tun aber entspannt oder sind übertrieben freundlich, wenn sie jemanden treffen, den sie kennen. Jeder, der schon mal in einer langen Schlange stand – sei es im Supermarkt, auf der Post oder irgendeinem Amt –, kann sich vorstellen, wie sehr es an die Substanz geht, den ganzen Tag fast nichts anderes zu machen, als stehend zu warten. Selbst sprechen ist manchmal verboten. Ich erinnere mich, wie einmal ein Casting-Direktor sagte, es störe ihn, wenn wir sprächen, er fordere da Respekt. Und wo ist der Respekt für uns? Wenn du die Schlange verlässt, bist du raus, dann rückt die Nächste nach.

Wir sind alle austauschbar. Wer nicht mitspielt, geht.
Ein Gefühl von Ohn-Macht.

Natürlich schaust du dir die anderen Mädchen an, machst dir Gedanken, unweigerlich:

»Welchen Typ Frau sucht der Designer wohl?«
»Die sehen hier alle so schön aus.«
»Nicht schon wieder eine Blonde!«
»Oh nein, die ist viel dünner als ich.«

»Kommt die aus Deutschland?«
»Hoffentlich hat sie eine andere Agentur.«
»Bin ich hier richtig?«
»Verschwende ich meine Zeit?«

Du zitterst innerlich, hast Tausende von Zweifeln im Kopf, weißt, dass du gleich nur Sekunden hast, um dich zu beweisen. Ein Adrenalinschub jagt den nächsten, bis alles in totaler Erschöpfung mündet, wenn du mal wieder ein Nein bekommst.

Ich war jedes Mal froh, wenn ich die Location verlassen, runterkommen und in Ruhe einen Apfel essen und einen Kaffee trinken konnte, ohne dabei beobachtet zu werden. Beim Casting zieht man immer alle Blicke auf sich, sobald man etwas aus der Handtasche holt. Ist es ein Handy, ist das egal. Ist es etwas zu essen, kannst du dir sicher sein, angestarrt zu werden, bis der letzte Bissen hinuntergeschluckt ist. Sind es zuckerfreie Kaugummis, will jede um dich herum eines abhaben.

Am auffälligsten sind die hippen, angesagten Models, die meist als Gruppe zum Casting kommen. Sie fallen sofort auf durch ihr Gekicher und ihr selbstbewusstes Auftreten. Sie wissen, dass sie sowieso gebucht werden, und lassen es jeden spüren. Ich kenne beide Seiten und weiß, wie toll es einerseits ist, in einer solchen Gruppe zu sein, weil man denkt, man hätte es geschafft. Andererseits fand ich dieses Spiel immer grotesk, dachte aber die ganze Zeit, ich müsste es mitspielen, um ja nicht wieder aus der Gruppe zu fliegen. Küsschen links, Küsschen rechts, »Oh my goooood, love, how are you?«, große Gesten, viel lachen, viel tuscheln, die anderen nicht beachten. Das hat man im Inner Circle ja nicht mehr nötig.

Waren wir Freundinnen? Wir taten zumindest so und tauschten uns über kleine Probleme aus. Aber keine von uns hätte der anderen den Vortritt gelassen, wenn es um einen großen Job gegangen wäre. Jede wollte ganz oben bleiben, so lange es ging. Denn dass der Inner Circle sowieso alle zwei, drei Jahre ein ganz anderer ist, weiß jede. Mode kommt und geht. Genauso ist das mit den angesagten Models. Und trotzdem gehört das alles zum Spiel dazu. Wir taten ständig alle so, als sei das völlig normal. Ist es nicht. Es ist ein absurdes Theater, das man irgendwann mitspielt, weil es zu den unausgesprochenen Regeln des Business gehört.

Wie schnell man ausgewechselt wird, merkte ich im Frühjahr 2011. Ich hatte inzwischen die Schule beendet, an den unterschiedlichsten Orten dieser Erde gemodelt und war ganz nach New York gezogen, wo ich – obwohl ich wie immer mit meiner Figur kämpfte – das Aushängeschild meiner deutschen Agentur war. Sie ließen mich spüren, wie stolz sie auf mich waren, und das machte mich wiederum stolz und gab mir Hoffnung, es bald ganz nach oben zu schaffen. Eines Tages rief mich jemand aus der

Agentur an: »Hey, Anne-Sophie. Wie geht's? Wie läuft's mit der Figur? Du, super News, wir haben hier ein Model, das nach New York fliegt und die neue Prada-Kampagne mit Steven Meisel schießt. Sie ist erst fünfzehn. Könntest du ein bisschen auf sie aufpassen? Du hast doch Zeit. Nur mal einen Kaffee trinken oder so?«

»Na klar«, antwortete ich freundlich wie immer. Doch tief in mir spürte ich Wut und Neid. Die Kampagne hätte ich selber gerne bekommen.

Jetzt soll ich auch noch meine eigene Konkurrenz protegieren und ihre Karriere unterstützen. Schneide ich mir damit nicht ins eigene Fleisch?

Nichts, was mir meine Eltern über Nächstenliebe beigebracht hatten, hätte es mir erlaubt, in diesem Moment Nein zu sagen. Trotzdem musste ich daran denken, wie ich selbst mutterseelenallein in Mailand gesessen hatte, ohne Hilfe und ohne Ahnung, wie dieses Business funktioniert. Ich dachte abwechselnd: Warum sollte es anderen besser gehen als mir? Sie ist deine Konkurrenz! Und: Ja, warum sollte es ihr eigentlich nicht besser gehen? Sie ist doch erst 15!

Als die Neue in New York war, traf ich sie in ihrem Hotel. Wir liefen ein bisschen durch die Straßen, gingen in ein Bistro, wo ich schwarzen Kaffee bestellte und sie ein großes Sandwich mit Käse und Mayonnaise. Sie wirkte lustlos, gelangweilt, stöhnte über das wenige Geld, das sie für die Kampagne bekommen sollte, und darüber, dass sie sich dafür eine Woche lang die Haare nicht waschen durfte. Vielleicht war sie auch einfach nur müde.

Fakt ist: Nach diesem New-York-Trip war sie das neue Aushängeschild der Agentur. Alle sprachen nur noch über sie. Ich fühlte mich, als hätte ich mich selbst ins Aus geschossen, indem ich Zeit mit ihr verbracht hatte. Ich weiß nicht, ob mir deshalb Jobs entgangen sind. Vermutlich. Ich weiß allerdings, dass ich von diesem Ereignis an immer mehr darauf achtete, wem ich meine Hilfe anbot und wem nicht. Meine Nächstenliebe wich einer Härte, die mir, wenn ich mich von außen betrachtete, fremd vorkam. War das die unweigerliche Konsequenz in einem Business, das kein Erbarmen kennt? War das der Preis, den ich bezahlen musste? Führte nur Unbarmherzigkeit zum Erfolg?

8. Cici: »Ich hatte erbärmliche Tricks auf Lager«

Es gibt Ausnahmen. Wie gesagt. Cici ist so eine. Seit mehr als zehn Jahren ist sie meine Vertraute, von Konkurrenzgedanken keine Spur. Als ich sie fragte, ob sie mit mir auch öffentlich über ihre Karriere und ihre Sicht auf die Branche sprechen würde, zögerte sie lange. Ich verstehe das, denn sie arbeitet nach wie vor sehr erfolgreich als Model. Und die Hand, die einen füttert, beißt man schließlich nicht. Dann willigte sie doch ein. Warum? Weil nicht jede Hand, die einen füttert, gleichzeitig auch schützend über einem schwebt. Sie möchte, dass sich etwas zum Guten bewegt.

Ich rufe sie an. Das machen wir immer, wenn wir Tausende von Kilometern voneinander entfernt sind. Bei mir ist es abends, bei ihr morgens. Sie hat ihren ersten Kaffee getrunken.

Ich: »Cici, bereit?«

Cici: »Klar. Schieß los!«

Ich: »Mit der Erfahrung, die du jetzt hast, würdest du noch mal mit dem Modeln anfangen?«

Cici: »Ganz bestimmt! Ich habe Freunde fürs Leben getroffen, bin an Orte gereist, von denen ich nicht zu träumen gewagt hatte, und habe Geld verdient, mit dem ich meine Familie unterstützen konnte. Ich genieße, was ich tue, und bin stolz darauf. Es erschreckt mich nur, dass ich jetzt schon seit mehr als zehn Jahren in dem Business bin und sich jeder Job trotzdem anfühlt, als sei es das erste Mal.«

Ich: »Würdest du rückblickend irgendetwas ändern?«

Cici: »Ich hätte gerne mehr Selbstbewusstsein gehabt, als ich jung war, und lieber weniger gefeiert, dafür aber mehr Disziplin an den Tag gelegt. Außerdem hätte ich gerne noch vielfältiger gearbeitet und vor allem mein Geld gespart. Aber ich würde meine Erfahrung gegen nichts in der Welt eintauschen, weil sie mich zu der gemacht hat, die ich heute bin.«

Ich: »Wenn du an die Anfänge deiner Karriere denkst, was fällt dir als Erstes ein?«

Cici: »Wie ich im Fitnessstudio entdeckt worden bin. Meine Mutter trainierte dort und meine Geschwister und ich hatten Schwimmunterricht. Eine sehr nette Frau kam auf meine Mutter zu und fragte, ob sie sich vorstellen könne, ihre Töchter modeln zu lassen. Die Frau sagte, sie habe einen guten Freund in der Branche, mit dem sie uns bekannt machen könne. Ich war erst zwölf und meine Mutter entsprechend sehr verhalten. Aber ich fand das so aufregend, dass ich sie immer wieder bat, diese Frau zumindest anzurufen. Meine Schwester interessierte das alles überhaupt nicht.«

Ich: »Was passierte dann?«

Cici: »Nach ein paar Monaten entschied meine Mutter von einem Tag auf den anderen, den Mann zu treffen, den uns die Frau empfohlen hatte. Vielleicht hatte ich ihr lange genug in den Ohren gelegen. Der Mann war Agent in der größten Modelagentur von Toronto: *Elite*. Ich war total eingeschüchtert, weil er so viele Fragen stellte, die mir noch nie zuvor gestellt worden waren, zum Beispiel: Wie groß ist dein Papa? Würdest du mit dem Sport aufhören? Sind das deine richtigen Haare? Meine Mutter beantwortete die Fragen und ich war völlig fasziniert von alldem. Trotzdem entschieden wir uns, mit den ersten Test-Shoots zu warten, bis ich vierzehn Jahre alt war. Ich machte dann ein paar kleine Jobs für Kataloge. Aber als mein Agent beschloss, von *Elite* wegzugehen und seine eigene Agentur aufzumachen, hörte ich ganz auf und genoss stattdessen mein Leben als Teenager. Mit achtzehn meldete ich mich wieder bei ihm und er nahm mich sofort wieder unter Vertrag.«

Ich: »Wie hast du das Modelbusiness am Anfang empfunden?«

Cici: »Anfangs war es sehr verwirrend. Viel Gehetze zu Castings und Terminen. Es war überhaupt nicht glamourös, was ich, ehrlich gesagt, gedacht hatte. Es war, als würdest du in ein Labyrinth geworfen, in dem du dich alleine zurechtfinden musstest. Und dann nahm dich die Aussicht auf große Jobs, die du am Ende aber vielleicht gar nicht bekamst, ständig emotional total mit.«

Ich: »Hattest du Unterstützung?«

Cici: »Mein Agent war sehr väterlich. Dafür bin ich extrem dankbar. Außerdem waren die Models, mit denen ich damals zusammenwohnte, sehr nett und zeigten mir, wie man sich in das Business einbringt.«

Ich: »Ich hatte oft das Gefühl, dass Models sich gegenseitig nicht unterstützen, weil der Kampf um die Spitze zu groß ist.«

Cici: »Grundsätzlich glaube ich, dass wir uns gegenseitig unterstützen, wenn es um unser Wohlbefinden geht. Viele Models, die ich getroffen habe, gaben mir Tipps, die meiner Karriere geholfen haben. Das fängt bei Beauty-Produkten an und hört bei Agenten, mit denen die Zusammenarbeit besonders gut ist, auf. Aber jedes Model hat mindestens ein anderes Model, mit dem sie ständig verglichen wird oder das um die gleichen Jobs konkurriert.«

Ich: »Trotz all der Konkurrenz: Mein größter Gegner war nie ein Model, es war immer mein eigener Körper. Dir ging es ähnlich.«

Cici: »Ich habe immer mit meinem Gewicht gekämpft. Mein Körperbau ist athletisch und ich habe einen kurvigen Po, was für ein Model einfach nicht ideal ist. Also war ich von Anfang an auf strenger Diät, die vor allem aus Gemüse, kleinen Portionen Fisch oder Huhn, schwarzem Kaffee und Wasser bestand. Ich verlor viel Gewicht, aber nicht genug, um die erforderlichen Maße zu haben. Also machte ich jeden Tag zwei Stunden Cardio-Training. Half nichts. Auch das Training mit leichten Gewichten brachte mich nicht ans Ziel. Irgendwann beschloss ich, das Abendessen zu streichen und früh ins Bett zu gehen. Aber kurze Zeit später war ich wie besessen davon, mich jeden Tag zu wiegen – manchmal sogar zwei Mal am Tag. Ich weiß, dass ich mein Gewicht damals immer in Beziehung dazu gesetzt habe, ob ich einen Job bekommen hatte oder nicht. Ich weiß auch, dass das einen großen psychischen Schaden anrichten kann.«

Ich: »Würdest du sagen, du hattest eine Essstörung?«

Cici: »Nein, aber ich beschäftigte mich extrem mit Essen und Fitness. Ich dachte, dass ich niemals die perfekten Maße als Model haben würde, und das nagte an meinem Selbstwertgefühl. Sogar zu meinen dünnsten Zeiten, als ich knapp einundfünfzig Kilogramm wog bei einem Meter fünfundsiebzig Größe, dachte ich immer noch, ich sei nicht dünn genug. Ich habe eine körperdysmorphe Störung entwickelt. Ich verglich meinen Körper permanent mit denen anderer Models und fühlte mich minderwertig. Ich fragte mich immer, was ihr Geheimnis war, so dünn zu sein. Ich weiß, dass manche genetisch superdünn sind. Sie waren in meinen Augen die Glücklichen.«

Ich: »Wie bist du damit umgegangen?«

Cici: »Am Tiefpunkt habe ich vor jedem Job Juice Cleanses gemacht. Drei Tage lang vier grüne Säfte am Tag.«

Ich: »Das haben wir mal zusammen gemacht, weißt du noch?«

Cici: »Klingt gar nicht so schwer, oder? Aber du weißt, wie quälend hart es ist, wenn du sowieso schon untergewichtig bist. Ich hatte erbärmliche Tricks auf Lager, dünner zu werden, auf die ich nicht stolz bin.«

Ich: »Zum Beispiel?«

Cici: »In der Nacht vor dem Job zu trinken und zu feiern, wissend, dass mein Körper am nächsten Tag dehydriert sein und ich dadurch dünner aussehen würde. Nicht stolz drauf! Ich bin überzeugt davon, dass ich die körperdysmorphe Störung für immer haben werde. Sie wird bleiben, auch wenn ich nicht mehr in dem Business arbeite.«

Ich: »Warum, glaubst du, müssen Models so dünn sein?«

Cici: »Damit wir nicht von den Klamotten ablenken. Die Kleider hängen besser an schmalen Silhouetten, ein bisschen wie bei einem Kleiderbügel. Ein anderer Aspekt dieses Schönheitsideals ist, dass es unerreichbar zu sein scheint, eine exklusive Fantasie, die nur ganz wenige erreichen können. Man sieht diese wunderschönen, langbeinigen Amazonen in luxuriösen Kleidungsstücken. Dadurch spielt man mit der Wertschätzung der Verbraucher. Überleg mal, wie könnten milliardenschwere Unternehmen noch ihre Produkte vermarkten, wenn alle Menschen denken würden, sie seien schön genug?«

Ich: »Welche Eigenschaften muss ein Model außer langen, dünnen Beinen noch haben, um erfolgreich zu sein?«

Cici: »Ausdauer. Charisma. Gutes Stilempfinden. Gute Haut. Einzigartiges Gesicht. Eine interessante Vorgeschichte. Guter Laufstil.«

Ich: »Und was sind in deinen Augen die größten Herausforderungen für Models?«

Cici: »Eine gute Frage, die aber kaum jemanden interessiert. Definitiv Finanzen. Du fängst so jung an, bekommst für dein Alter aber manchmal unglaublich große Summen Geld, mit denen du nicht weißt, was du machen sollst. Ich werde nie vergessen, wie mal ein isländisches Model zu mir sagte: ›Ich kann nicht glauben, dass ich vierzehntausend Euro in einem Monat ausgegeben habe.‹ Ich fragte sie, wie das möglich sei. Sie sagte: ›Easy: Chauffeurservice, Handtaschen, Schuhe, Restaurants, Urlaub und anderes Zeug.‹ Models neigen dazu, sich an das Geld, das sie bekommen, zu gewöhnen, und vergessen, dass es auch Zeiten ohne Jobs gibt und sie irgendwann älter oder auch fallen gelassen werden. Die Schlauen haben einen Plan B oder investieren ihr Geld. Die Mehrheit nicht. Die Pille, die man schlucken muss, wenn man keine Ausbildung hat oder nicht vorausschauend lebt, ist bitter. Es sollte in jeder Agentur Finanzberater geben, die den Models helfen, ihr Einkommen langfristig zu planen.«

Ich: »Wir beide haben oft über die Probleme in der Modelbranche gesprochen. Aber immer nur im Privaten. Warum sprechen so wenige Models offen darüber?«

Cici: »Ganz einfach: Sie können von der Branche leicht auf die schwarze Liste gesetzt werden. Oder sie denken, es würde sich sowieso nichts ändern.«

Ich: »Ist Modeln ein Traumberuf?«

Cici: »Nein. Für mich war es meine Fahrkarte aus dem alltäglichen Vorstadtleben, das ich gewohnt war. Meine Mutter ist alleinerziehend, hat vier Kinder großgezogen und hart gearbeitet. Am Anfang, als sie mir das Modeln erlaubte, dachte sie, es könne ihr vielleicht bei ihren vielen finanziellen Belastungen helfen.«

Ich: »Was hat sich seit deinen Anfängen verändert?«

Cici: »Glücklicherweise das Thema Diversity. Dem Schönheitsstandard entsprachen früher meist große, blonde, europäische Models, und jetzt gibt es eine Fülle von Unterschieden in puncto Ethnie, Form, Größe und sogar Geschlecht. Jeder kann jetzt in großen Magazinen und Anzeigen Menschen sehen, die so aussehen wie man selbst. Die Exklusivität sinkt langsam und der Verbraucher hat mehr Macht als je zuvor, weil man einfacher an die großen Modehäuser rankommt. Man kann so im Grunde alles boykottieren oder fördern. Die sozialen Medien haben außerdem die Art und Weise verändert, wie Dinge vermarktet werden, zum Beispiel durch Influencer, die inzwischen genauso wichtig sind wie Moderedakteure. Der Vorteil der sozialen Medien für Models ist, dass sie ihre Talente zum Beispiel auf ihrer Instagram-Seite präsentieren und so leichter von Agenturen entdeckt werden können.«

Ich: »Was war das beste Erlebnis deiner Karriere?«

Cici: »Im ersten Jahr meiner Karriere bekam ich einen Anruf von meinem Agenten, der sagte, ich sei für eine MAC-Kampagne gebucht, bei der ich für ein einziges Bild eine irrwitzige Summe Geld bekommen sollte. Ich stand völlig unter Schock. Ich dachte, ich würde träumen, und fragte mich, warum gerade ich diesen Job bekommen hatte. Ich rief meine Mutter aufgeregt an, um es ihr zu sagen, auch, weil sie selbst MAC-Make-up benutzte. Aber ich verriet ihr nicht, wie viel sie mir dafür bezahlten. Zwei Tage später flog ich nach London. Ich wurde in einem teuren Auto zu einem noch teureren Hotel gefahren und dachte: Und dafür wirst du auch noch bezahlt.

Am nächsten Tag sollte ich shooten, war aber so nervös, dass ich die ganze Nacht nicht schlafen konnte. Dann ging es los. Als ich fertig gestylt war, fühlte ich mich wie eine bessere Version von mir selbst. Zuerst war ich sehr steif, aber nach einiger Zeit ließ ich los und tat so, als würde ich Gefühle ausleben, die ich nicht unbedingt hatte. Ich spielte. Plötzlich sagten sie, ich sei fertig. Es war alles so einfach und mühelos. Ich ging zurück ins Hotel, zog mich an und machte ein bisschen Sightseeing. Ich war glücklich, ein wenig einsam, aber unglaublich dankbar.

Zwei Monate später bekam ich den Brief mit meinem Scheck. Ich hatte es total vergessen, weil alleine diese Reise nach London alles wert gewesen war. Ich öffnete den Brief und meine Augen begannen zu leuchten. Ich hatte noch nie in meinem Leben so viele Nullen gesehen. Ich flog zurück nach Toronto und gab den Scheck meiner Mutter. Ganz ruhig und cool. Als sie begriff, was ich da verdient hatte, fing sie an zu weinen. Das war mein erster Scheck und ich schenkte ihn ihr.«

Ich: »Was für eine schöne Geschichte! Trotzdem, auch darüber sprechen wir: Was war die schlimmste Erfahrung, die du gemacht hast?«

Cici: »Das werde ich nie vergessen. Ich war zum ersten Mal bei den Shows in Paris bei einem sehr großen Casting für Yves Saint Laurent. Nachdem ich meinen Walk gemacht hatte, hörte ich, wie eine Frau auf Französisch sagte: ›Ihre Fesseln sind fett.‹ Sie dachte, ich würde es nicht verstehen, aber bei uns in Kanada ist Französisch die zweite Amtssprache und wir lernen es in der Schule. Ich war am Boden zerstört, als sie das sagte. Seitdem habe ich ein Problem mit meinen Fesseln und versuche immer, sie zu verstecken.«

Ich: »Hast du in deiner Arbeit auch Rassismus oder rassistische Äußerungen erlebt?«

Cici: »Keine offensichtlichen rassistischen Äußerungen, aber subtile Handlungen, bei denen ich mich unwohl fühlte. Bei einem Job flüsterte zum Beispiel einmal der

Kunde dem Visagisten zu: ›Sie ist nicht schwarz genug. Sie muss dunkler sein.‹ Ich habe mich so sehr über diese Bemerkung geärgert. Ich bin schwarz! Und es gibt viele Schattierungen von dunkler Hautfarbe! Warum hatten sie nicht gleich jemanden mit dem gewünschten Hautton gebucht? Der Visagist machte meinen Teint viermal dunkler, als er eigentlich ist, was mir bizarr vorkam. Später beim Shoot wurde mir klar, dass sie wollten, dass die Farben der Kleider mehr leuchten. Satte Farben wirken bei Personen mit mehr Melanin lebhafter. Trotzdem, warum hatten sie mich dafür ausgesucht? Ich habe nie wirklich eine Antwort darauf bekommen, aber es ärgert mich bis heute. Ich bin immer davon ausgegangen, dass Models wandelbar sein sollen. Meine ganze Karriere basiert darauf, wandelbar zu sein und mich leicht wie ein Chamäleon zu verändern, indem ich zum Beispiel mein Haar glätte oder es natürlich lockig lasse. Aber es gab Zeiten, in denen ich entweder nicht schwarz genug oder zu schwarz war. Das Zweite ist schlimmer. Dann heißt es immer: ›Sie haben schon das eine schwarze Mädchen.‹

In der heutigen Generation hat sich aber viel verändert! Schwarze Frauen werden in all ihren Nuancen gefeiert und wir haben mehr Möglichkeiten als früher. Auch die Schönheitsindustrie hat ihre Farbpaletten erweitert, um schwarze Frauen mit einzubeziehen, und macht uns immer häufiger zu den Gesichtern ihrer Kampagnen. Das macht mir Hoffnung.«

9. Tokio II: Himmelhoch jauchzend, zu Tode betrübt

Die Probleme der Modelbranche waren das Letzte, an das ich dachte, als meine Eltern mir im Juli 2010 erzählten, dass mein Hund tot sei. Ich mochte Tokio, aber die Arbeit hier war hart. Und zu dem Zeitpunkt, als ich mutterseelenallein auf einer Bank am U-Bahnhof Akasaka saß und versuchte, meine Traurigkeit über den Tod von Emmi, mein Heimweh und meine Einsamkeit mit Essen runterzuschlucken, ahnte ich nicht, dass sich meine Situation ein paar Tage später völlig verändern würde.

Zwei Wochen zuvor: Meine deutsche Agentur hatte mich für einen Monat nach Japan geschickt. Sie hatten gesagt, Tokio sei gut für Models, um sich zu entwickeln, und außerdem könne ich dort noch ein bisschen abnehmen. Vor meiner Anreise bekam ich von der japanischen Agentur einen Vertrag, in dem schon alles geregelt war: wie lange ich dort sein würde, wie viele Jobs ich in dieser Zeit mindestens erledigen musste, wie viel Geld ich dafür bekommen würde, wie viel Geld ich bekommen würde, wenn ich mehr arbeitete; dass ich auf gar keinen Fall vorher in die Sonne gehen durfte, um blass zu bleiben, und welche Maße ich haben musste. Ja, vor allem die Maße waren wichtig. War ich einen Zentimeter drüber oder drunter, würde ich zurück nach Hause geschickt werden. Auf eigene Kosten.

Die Verträge mit japanischen Agenturen sind insofern ungewöhnlich, als sie einerseits sehr streng sind, andererseits aber auch viel mehr Sicherheit bieten. Nirgends auf der Welt habe ich noch mal erlebt, dass Kalkulationen im Voraus gemacht und alle möglichen Ein- und Ausgaben mit eingeschlossen werden, sodass man schon am Anfang weiß, wie viel man mindestens verdienen wird.

Als ich landete, wusste ich nur, mit welcher U-Bahn ich in welches Hotel fahren sollte. Dort, hieß es, würde mich ein Fahrer abholen und in mein Apartment bringen. Ich wartete und wartete und überlegte schon, ob ich etwas falsch verstanden hatte. Irgendwann kam ein Mann auf mich zu mit einem Zettel in der Hand, auf dem mein Name stand. Ich war erleichtert. Der Mann brachte mich zu einem schwarzen Bus, in dem schon andere Models saßen, die bei Castings gewesen waren, und fuhr mich in die Agentur, wo ich sofort gemessen wurde. Ich wollte protestieren, dass mein Körper nach dem langen Flug doch angeschwollen sei, aber ich blieb stumm. Mein Gesicht glühte, mein Herz klopfte, ich schloss die Augen und dachte, bitte lass meine Maße stimmen. Ich wollte nicht gleich wieder zurückfliegen.

Brust, Taille, Hüfte. Die Frau mit dem Maßband nickte zufrieden. Das war alles, auf das es ankam. Am nächsten

Tag, sagte sie, würde ich mein erstes Casting haben. Und dann hatte sie noch eine Bitte: Ich solle doch ein bisschen auf meine Mitbewohnerin aufpassen und Bescheid sagen, wie es ihr gehe. Sie sei erst 14.

Dann bekam ich einen Schlüssel in die Hand gedrückt und wurde in das Apartment gefahren. Sowieso ging in Tokio fast nichts ohne einen Fahrer. Niemals hätte ich mich dort alleine zurechtgefunden, ohne die Sprache sprechen oder lesen zu können.

Als ich die Wohnungstür öffnete, saß da ein Mädchen auf einem Bett, das direkt neben dem Eingang stand, und schaute eine russische Kinderserie auf ihrem Laptop an. Ich sagte: »Hello.« Sie lächelte. Das, so würde ich in den nächsten Tagen feststellen, tat sie die meiste Zeit: russische Kinderserien gucken und lächeln. Ich weiß nicht, ob und wie viel sie arbeitete, was für einen Vertrag sie hatte und wovon sie lebte, denn egal ob ich kam oder ging, sie saß immerzu auf diesem Bett. Wir konnten uns nur mit Mimik und Gestik verständigen, aber sie schien zufrieden mit ihrer Situation zu sein, und so meldete ich es der Agentur auch zurück.

Aus meinen Castings in den ersten Tagen wurden schnell richtige Jobs. Weil ich blond und blass war, war ich sehr gefragt. Mein erster Job ging von Punkt 8 Uhr bis Punkt 15 Uhr. Keine Sekunde kürzer, aber auch keine länger. Pünktlichkeit war in Japan extrem wichtig. Das erzeugte einerseits Druck, war andererseits angenehm, weil ich genau wusste, wann ich Feierabend hatte. Als ich ankam, gaben sie mir Kleider und Schuhe: Doc Martens in Größe 37. Ich trage 41. Ich versuchte, meinen Fuß in den Stiefel aus steifem Leder zu stecken, aber ich kam nicht hinein. Da nahm die Stylistin eine Tüte Chips, leerte sie, drehte sie um und steckte meinen Fuß hinein. Durch die fettige Folie flutschte mein Fuß in den Schuh, dann wurde die Chipstüte wieder hinausgezogen und mein Fuß blieb schmerzend und gekrümmt im Schuh stecken.

Sie fragte: »You okay?« Ich nickte.

Ich arbeitete von morgens bis abends, musste am Strand in der prallen Hitze Pelze tragen, in die sie mir Kühlpacks zur Linderung steckten. Ich musste meinen Körper verrenken, Posen halten, stundenlang. Doch das Schlimmste war, dass die Schuhe immer und überall zu klein waren. Es gab kaum Pausen, Zeit war Geld. Und ich? War immer pünktlich, lieferte zuverlässig ab, lächelte, wenn ich lächeln sollte, und schaute ernst, wenn das gewollt war. Ich arbeitete viel mehr, als mein Vertrag vorsah, und machte alle zufrieden: die Kunden, die japanische Agentur und auch meine Mutteragentur, die mir trotzdem mahnend schrieb, die Fashion Week in New York stehe bald an, das solle ich nicht vergessen. Ich wusste, was sie damit meinten: Nimm noch ein bisschen ab.

Obwohl ich den ganzen Tag von freundlichen, unaufdringlichen Menschen umgeben war, fühlte ich mich ausgeliefert und einsam, weil mich niemand verstand. Ich war im wahrsten Sinne des Wortes sprachlos, und zwar nicht nur in Bezug auf das, was gesagt wurde, sondern auch auf die kulturellen Codes. Ich hatte keine Ahnung von alldem. Dazu kam, dass ich nirgends allein hingehen konnte, außer in der Nähe meiner Wohnung, weil ich sonst nicht zurückgefunden hätte. Ich fing an, die Tage zu zählen.

Dann kam mein 19. Geburtstag. Meine Mitbewohnerin schenkte mir morgens eine Blume. Immerhin. Und trotzdem war es der traurigste Geburtstag, den ich je erlebt habe. Mein Hund war tot und ich sehnte mich nach der Geborgenheit meiner Familie. Gleichzeitig wollte ich nach New York zu den Shows und allen zeigen, dass ich es geschafft hatte. Ich wollte beides. Es war ein ständiges Wechselbad der Gefühle. Und so biss ich die Zähne aufeinander und blieb.

Zwei Tage später lernte ich Leonie kennen. Wir mochten uns sofort. Sie war auch Model und ebenfalls aus Deutschland. Es tat so gut, nach fast drei Wochen meine Sprache wieder sprechen zu können, und ich erzählte ihr von meinem Geburtstag und von meinem Hund. Ich hatte wohl gehofft, von ihr in den Arm genommen zu werden, aber sie sagte nur: »Komm doch mit uns feiern.« Kurz war ich enttäuscht, dann dachte ich, vielleicht musste das in diesem Moment Trost genug sein: feiern, tanzen, alles vergessen.

Wir trafen drei andere deutsche Models – einer davon war Marcel, mit dem ich heute noch befreundet bin – und fuhren nach Roppongi, einem sehr trashigen Teil Tokios. Leonie und die anderen kannten dort Promoter. Promoter werden von Clubs oder Restaurants angeheuert, damit sie Tische, VIP-Bereiche oder die Location an sich mit schönen Menschen füllen. Eintritt, Essen und vor allem Getränke sind dabei kostenlos. Vordergründig ist es ein Geben und Nehmen, bei dem die Promoter richtig viel Geld verdienen. In Wahrheit aber sind Models die Verlierer dieses Deals. Warum, werde ich in den Kapiteln 14 *(Payday: Über Geld spricht man nicht)* und 16 *(Macht und Ohnmacht)* noch genauer erklären. Einer der Gründe ist, dass dadurch in der Öffentlichkeit der Eindruck entsteht, Models seien vor allem ungehemmt, verschwenderisch und unser Job eine einzige Party. Das stimmt nicht und trotzdem: Ich habe da mitgemacht, ja. Damals habe ich es nicht hinterfragt. Wer lehnt es schon ab, mit 19 Jahren in den angesagtesten Clubs der Stadt feiern zu können und für nichts bezahlen zu müssen?

In dieser Nacht gingen wir ins *Feria*, einem riesigen Club auf fünf Stockwerken. Es war voll, laut und die Musik nahm mich sofort mit. Ich fühlte mich unabhängig, selbstbestimmt und frei. Ich aß nichts, trank umso mehr und tanzte dabei zu *Heads will roll*. Dieses Lied wird mich für immer an Tokio erinnern. Alles fiel in diesem Moment von mir ab. Ich dachte nicht an morgen, nicht an

New York, sogar das Gefühl vom Heimweh war weg. Ich tanzte stundenlang.

Nach dem Club zogen wir betrunken durch die Stadt, gingen in einen *7-Eleven* und kauften alles Essbare, was wir zwischen die Finger bekamen. Wir hatten Dinge in den Händen, von denen wir nicht mal ansatzweise wussten, was es war. Dann setzten wir uns auf eine Bank, nahmen das Essen, steckten es in den Mund, kauten es und spuckten alles wieder aus – selbst wenn es schmeckte. Wie wir da saßen mit unseren vollen Plastiktüten – was für eine Geldverschwendung! Wir waren alle so mager, dachten aber nur daran, noch mehr abzunehmen. Zwei der Mädchen war gesagt worden, sie dürften nur zur Fashion Week in New York, wenn sie in Tokio abnehmen würden. Später in der Nacht übergab sich eine von ihnen. Sie machte das jede Nacht, ob sie betrunken war oder nicht.

Von diesem Tag an ging ich jeden Abend mit den anderen in einen Club. Ich hatte noch zehn Tage in Tokio. Tagsüber arbeitete ich, nachts war ich unterwegs. In Tokio Lebensmittel zu kaufen war teuer und kompliziert, und da die anderen und ich tagsüber ohnehin nichts aßen, nahmen wir die Einladungen der Promoter gern an und aßen und tranken abends im Club: Salat mit Thunfisch und dazu Gin Fizz.

In einer Nacht standen wir vor der *f-Bar*, ebenfalls in Roppongi, als eine Promoterin auf uns zukam und sagte, wir sollten reinkommen, Leonardo DiCaprio sei gleich da. Wir glaubten ihr kein Wort, gingen aber trotzdem mit, schließlich wollten wir feiern. Sie führte uns zu einem Tisch, um den ein paar Sessel standen und eine kleine Karaoke-Box, in die man zum Singen gehen konnte. Draußen hörte man Club-Musik, drinnen seinen eigenen Gesang. Wir stellten uns in die Box und wählten *My heart will go on* von Celine Dion. Wir taten so, als seien wir Leonardo DiCaprio und Kate Winslet in *Titanic*, sangen, lachten – und auf einmal stand er vor uns: Leonardo DiCaprio höchstpersönlich. Nur eine Scheibe trennte uns und ich war froh, dass er in dem Moment nicht hören konnte, was wir da sangen. Ein Schauer durchfuhr meinen Körper.

Das ist es! Das ist mein Leben.

Als wäre die Traurigkeit nie da gewesen, spürte ich nur noch Glück, Zufriedenheit und Freude auf die Fashion Week.

Ein paar Tage später war ich in New York, dünner denn je zuvor. Es sollte die beste Saison meiner Karriere werden.

10. Wolfgang Joop: »Die Haute Couture hat ihre eigenen Gesetze«

Eine wichtige Rolle im Modelbusiness spielen Designer: Sie gestalten, was wir vorführen. Sie bestimmen, wie die Körper aussehen sollen, die ihre Kollektionen präsentieren. Sie prägen Schönheitsideale. Ich spreche mit Wolfgang Joop. Er kennt das Business seit mehr als 50 Jahren, hat Moden kommen und gehen gesehen. Wer, wenn nicht er, kennt die Regeln dieses Business?

Ich: »Wolfgang, nach welchen Gesichtspunkten suchst du Models aus?«

Wolfgang: »Ich hatte immer Models mit individuellem Charakter und spezieller Schönheit. Sie mussten Persönlichkeit, aber auch Wandlungsfähigkeit besitzen. So konnte ich exzentrischste Ideen auf natürliche Schönheit projizieren. Mein Model wirkte dabei cool und selbstverständlich. Es muss natürlich, frisch und langbeinig sein. Ich mag auch Ethno-Mix, also eine Mischung aus verschiedenen ethnischen Elementen. Diese neuen Gesichter sind ein Ergebnis unserer modernen, mobilen, tabufreien Zeit. Luxus ist die Freiheit, in der Mode Grenzen des guten Geschmacks zu übertreten.«

Ich: »Inwiefern hast du als Designer einen Einfluss darauf, welche Körperform gesellschaftlich als besonders attraktiv erachtet wird?«

Wolfgang: »Mein Einfluss allein wäre nicht genug, um eine Linda Evangelista, Nadja Auermann oder Claudia Schiffer entstehen zu lassen. Manchmal ignoriere ich das Gesicht des Ausprobier-Models, um mich ganz auf das Kleidungsstück, das sie trägt, zu konzentrieren.«

Ich: »Welche Eigenschaften braucht denn ein Model in deinen Augen und warum gerade diese?«

Wolfgang: »Ein Model ist so schön, wie der Zeitgeist es sehen will. Das Model – ein geschlechtsneutraler Begriff – verkörpert stumm, denn es ist kein Schauspieler, den Zeitgeschmack. Dieser ist eine Verabredung, die auf dem Zeitgeschehen, seinen Süchten und Sehnsüchten beruht. Wichtig sind die körperlichen Voraussetzungen des Models. Eine gestreckte, schmale Figur gibt dem Kleidungsstück, das vorgeführt wird, etwas Leichtes, Unkörperliches. Man bietet nicht sich an, sondern ein Gesamtkunstwerk, das eine Idee beschreibt. Wichtig beim Model ist die Länge des Halses, noch wichtiger als die Länge des Körpers. Der lange Hals gibt den wichtigsten Abstand zwischen Schulter und Ohr. In diesem freien Stück liegt Eleganz. Eine Model-Ikone ist Kate Moss. Mit nur einem Meter siebzig Körpergröße besticht sie durch perfekte Proportionen und verkörpert das Motto: Ein Model bleibt stumm!«

Ich: »Vielen Models fällt es schwer, die erforderlichen Maße zu halten. Vor allem, wenn sie Haute Couture laufen. Könnte man die Kleider nicht in einer oder zwei Nummern größer präsentieren?«

Wolfgang: »Seit Jahren kann man beobachten, dass die vermehrte Schar junger Models größer und schlanker wird als ihre Vorgängerinnen. Zu viel Körperlichkeit wirkt sexuell attraktiv, was in der Haute Couture nicht unbedingt erwünscht ist. Zu schnell kann die Gesamtinszenierung ins Groteske abrutschen. Alles hat seinen Grund. Wie in der Natur. Was keine Berechtigung hat, verschwindet einfach. Die Haute Couture hat ihre eigenen Gesetze, keiner muss sich ihnen unterwerfen, der nicht will.«

Ich: »Warum, glaubst du, träumen so viele junge Frauen vom Modeln? Und welche Ratschläge würdest du jungen Frauen mit auf den Weg geben, die damit anfangen?«

Wolfgang: »Mein Ratschlag ist: Bist du diszipliniert, schlank und eigenwillig schön, groß genug und bereit, zwei bis drei Sprachen zu sprechen, dann bewirb dich bei einer Agentur. Das kurze Berufsleben eines Models kann fantastisch sein, aber auch schmerzvoll. Jedenfalls kommt man um die Welt und trifft mehr interessante Leute als auf der Straße, aus der du kommst. Für seinen Look bezahlt zu werden, schmeichelt und verführt. Aber attention please! Es gibt auch unbegründete Ablehnung.«

Ich: »Viele Models sind sehr jung, wenn sie anfangen, und kaum älter, wenn sie wieder aufhören. Warum ist das so?«

Wolfgang: »In der Werbung und der Haute Couture werden heute auch elegante ältere Models gebucht. Sie stellen die sogenannte sophisticated Klientel dar, die sich Luxus leisten kann. Reife Schönheit ist aber selten, besonders in einer Zeit, in der zu viele chirurgische Eingriffe die persönlichen Züge zerstören.«

Ich: »In einem Interview mit Markus Lanz hast du 2012 gesagt: ›Ich glaube, dass das Geschäft mit der Schönheit einen manchmal zur Grausamkeit erzieht.‹ Glaubst du das immer noch? Und wenn ja, wie meinst du das genau? Und für wen gilt das?«

Wolfgang: »Wer sich anschauen lässt, muss mit Kritik rechnen. Nur schwer unterscheidet man falsche von echten Komplimenten. Es wird in der Welt der Eitelkeit viel gelogen und die Karrieren enden oft, bevor sie Spaß machen und Geld abwerfen.«

11. Erfolgshunger

Wenn ich in Deutschland war, bekam ich alle sechs bis acht Wochen einen Anruf oder eine Nachricht von der Agentur: »Wir müssen neue Polas machen.« Oft sollte ich schon am nächsten Tag kommen. Zeit, mich darauf vorzubereiten – sei es durch mehr Sport oder weniger Essen –, hatte ich nicht. Ich musste ready sein und es gab nichts, was ich kaschieren konnte: Polaroids werden ohne Make-up, in schwarzen, engen Klamotten oder im Bikini gemacht. Danach kommt das Maßband dran, das keine Ausreden kennt. Erfolg oder Misserfolg? Zeigte es sofort. Und zwar knallhart. Auf den Polaroids konnte ich wenigstens noch durch mein Gesicht überzeugen, beim Messen nicht. Deshalb fürchtete ich mich davor am meisten. Meine Figur, hieß es, war ja immer das Problem.

Der Ablauf war meist ähnlich: Mein Zug fuhr um 8 Uhr in Flensburg los. Zu Hause hatte ich noch schnell einen Kaffee getrunken. Schwarz, ohne Zucker natürlich. Das war mein Frühstück, damit mein Bauch so flach wie möglich blieb. Schaffte ich es morgens nicht auf die Toilette, war meine Laune im Keller: Mein Bauch war zu dick. Jedes Model weiß, was ich damit meine.

Ich fuhr immer alleine. Ich mochte es, die zwei Stunden bis nach Hamburg nur für mich und meine Gedanken zu haben. Ich schaute aus dem Fenster, hörte Musik, sah Felder und Kühe an mir vorbeiziehen, das weite Land und die Schrebergärten unter der Rendsburger Hochbrücke. Manchmal versuchte ich zu schlafen. Bis zu meinem Schulabschluss hatte ich immer Bücher dabei und dachte, ich könnte im Zug etwas lernen. Es blieb bei dem Vorsatz. Ich träumte lieber vor mich hin. Meine Gedanken schwankten zwischen der Hoffnung auf Erfolg und der Angst, meine Maße würden nicht stimmen und sie würden mir sagen, ich hätte mal wieder meine Chance verpasst – »selber schuld«.

In Hamburg Dammtor stieg ich aus, lief die Stufen vom Bahnsteig hinunter und rief meinen Bruder an. Das tat ich immer, wenn ich in die Agentur fuhr. Er war es, der mir Mut zusprach und Kraft gab. Bei ihm, das wusste ich, fand ich immer Halt.

»Ich geh jetzt in die Agentur. Boah, ich hab so Angst.«

»Warum?«

»Wenn ich jetzt die Shows nicht machen kann, dann nur, weil ich zu dick bin. Aber ich hab doch schon abgenommen.«

»Anni, egal, was die sagen, du bist du, du bist toll. Lass dich nicht verrückt machen. Das ist doch nicht mehr gesund. Du bist doch schon megadünn. Ich glaube an dich.«

Wir legten auf, ich machte noch einmal Musik an – meistens elektronische Musik wie *BX 3* von Len Faki oder *Vamp* von Trentemøller –, schloss kurz die Augen und stieg in meine Rolle ein. Ich dachte daran, wie ich als

Kind schwimmen gelernt hatte: meine Mutter am Ende des Beckens, der Schwimmlehrer an der Seite. Sie rief: »Du schaffst das, Anni. Du schaffst das!« Ich konnte überhaupt nicht schwimmen, aber meine Mutter stand da, rief mir Dinge zu und glaubte an mich. Ich weiß bis heute nicht, wie ich es schaffte, aber ich schwamm. Seitdem sagt meine Mutter vor Prüfungen immer: »Seepferdchen Anni, du schaffst das!«

Ich schaffe das!

Sobald ich durch die Tür der Agentur trat, war ich in meiner Rolle: aufmerksam, wach, aufrecht, strahlend. Ich funktionierte. Mich so zu geben, machte mir Spaß, nur der Gedanke an das Maßband machte mich beklommen.

An einem riesigen Tisch saßen etwa zehn Booker, ich rief laut und fröhlich: »Hello.« Manche drehten sich um: »Heeey.« Manche gaben Küsschen links, Küsschen rechts, manche schauten nur kurz hoch. Hattest du gerade einen tollen Job hinter dir, taten alle so, als seien sie happy, dich zu sehen. Wenn nicht, warst du den meisten egal. Ich wurde von oben bis unten gescannt, schließlich war ich ja nicht immer in shape.

Je dünner ich war, desto besser fühlte ich mich, weil ich mehr Komplimente bekam. Die Leute bei den Shootings und in der Agentur sagten dann Dinge wie: »Wow, du siehst so schön aus«, und ich glaubte ihnen. Dass Komplimente immer nur dann kamen, wenn ich richtig dünn war, mündete in eine Art Sucht. Gefallsucht. Genauso wie das Gefühl, das sich in mir ausbreitete, wenn ich bei einem Job war und die Sachen, die ich anziehen sollte, nicht passten, weil sie zu groß waren. Dann kamen die Klammern von hinten. Sie sollten die Kleider eigentlich nur halten und für das Foto gut aussehen lassen. Für mich aber war jede Klammer wie ein Pokal, eine Anerkennung.

Ja, jetzt hast du es geschafft! Du hast dich selbst unterboten.

Heute denke ich: dieser unsägliche, unnötige Druck! Dieser Kampf um jeden Zentimeter, der ja nicht mal nur von Agenturen und Kunden erzeugt wird. Wir Models tun das genauso, denn in dem Moment, in dem du die Kontrolle über dein Leben weitgehend abgibst, in diesem Moment also gibt es dir ein Gefühl von Sicherheit, wenigstens deinen Körper zu kontrollieren. Denn das tust du als Model: Du gibst die Kontrolle über dein Leben ab. Du bestimmst nicht, wo du morgen bist, für wen du morgen arbeitest, was du morgen anziehen und unter welchen Bedingungen du shooten musst. Also ist die einzige Kontrolle, die du erlangen kannst, die über deinen Körper. Willst du Haute Couture laufen, kontrollierst du deinen Körper entsprechend klein. Die perfekten Maße dafür sind 84/58/88: die Normalmaße eines Mädchens am Anfang der Pubertät.

Ich weiß, wie toll es ist und wie glücklich es einen macht, eine Show für einen großen Designer zu laufen. Das ist das Ziel aller großen Träume. Das ist es, was alle Models wollen. Ich weiß aber auch, wie schwer es ist, diese Jobs zu bekommen und sie auch wieder zu bekommen, sprich: zunächst einmal die richtigen Maße zu haben und diese dann zu halten – sonst brauchst du gar nicht erst zu Castings zu gehen. Und dann musst du noch zufällig den richtigen Look haben und zur richtigen Zeit beim richtigen Casting sein. Wenn man bedenkt, an wie vielen Zufällen ein Job hängt, kann einem ganz schwindelig werden.

In meiner Agentur gab es ein kleines Studio und einen Fotografen, der nur für die Polaroids von uns Models zuständig war. Ein letzter Check im Spiegel, dann fingen wir an. Manchmal wurden Laufvideos gemacht, für die ich an der versammelten Mannschaft vorbeilaufen musste, auch in Unterwäsche. Mag sein, dass es dort für alle normal war, dass Frauen in Unterwäsche an ihnen vorbeiliefen. Für mich war es das nie. Ich fühlte mich immer schutzlos und gedemütigt: die anderen angezogen, ich halb nackt.

Der Fotograf machte Aufnahmen meiner Hände, Füße, Haare, meines Pos: »Streck ihn mal raus, das sieht besser aus.« Dadurch sollte ein sogenannter Tight Gap entstehen, ein Zwischenraum zwischen den Oberschenkeln, der die Beine schlanker wirken lässt. Auf einer Liste hakte er alles ab, was er fotografiert hatte. Dann kam das Schlimmste: die Maße. Selbst wenn ich wusste, dass sie stimmten, und der Fotograf »wow« sagte, war es mir unangenehm. Immerhin musste ich mich nie auf die Waage stellen, die in der Ecke des Raumes stand. Ich schielte auf das Papier, auf dem er alles notierte, und war – je nachdem – erleichtert oder angespannt.

Dieses Mal war mein Hüftumfang 95 Zentimeter: weniger als letztes Mal, aber noch nicht genug. Was meine Agentin sagen würde? Zu ihr musste ich immer noch einmal, um die Ergebnisse zu besprechen.

»Hi, na?«

»Hey.«

Sie schaute zuerst mich und dann die Zahlen auf dem Papier an, sagte »oh«, sah besorgt aus und fragte, warum das mit meinen Maßen nicht klappe.

»Ich hab doch abgenommen. Ich esse gesunde Sachen, mache meinen Sport«, versuchte ich zu erklären. Es reichte nicht. 88 Zentimeter waren ideal, auf 90 musste ich mindestens kommen.

Meine Agentin trat einen Schritt zurück, schaute mich noch einmal von oben bis unten an, blieb schließlich mit ihrem Blick an meiner Hüfte hängen und sagte, so dick sähe ich gar nicht aus. Sie nahm ihr Maßband: 95.

»Tatsächlich. Was machen wir denn mit dir?«

Vielleicht wollte sie besorgt klingen, mir aber taten ihre Worte nur weh. Ja, was machen wir denn mit mir? Ich fühlte mich elend, weil ich mein Ziel, nein, das Ziel der Branche nicht erreicht hatte, ständig Hunger hatte und eigentlich dünn aussah, es aber nicht war. In diesen Momenten kamen immer die Zweifel: Sollte ich nicht doch lieber einfach aufhören?

»Versuch's mal damit«, schlug sie mir vor und hielt mir ein Buch unter die Nase: *Skinny Bitch: Die Wahrheit über schlechtes Essen, fette Frauen und gutes Aussehen – Schlanksein ohne Hungern!*

Zum Abschied sagte sie noch, ich solle meine Chance nicht verpassen. Das ist der Standardspruch von Agenten. Sie wissen, wovon wir träumen. Sie wissen, mit welchen Worten sie uns kriegen.

Ich verließ die Agentur, rief meinen Bruder an und erzählte ihm, was passiert war. Er überlegte laut, ob ich nicht doch einfach eine Ausbildung machen sollte. Eigentlich wusste ich, dass er recht hatte. Andererseits waren es nur die paar Zentimeter an der Hüfte, die zu viel waren. Alles andere stimmte doch.

»Danke, Mathias. Lass uns morgen weiterreden«, sagte ich zum Abschied. Dann lief ich zum Bahnhof, kaufte mir einen großen Milchkaffee und Obstsalat als Belohnung – jetzt musste ich hoffentlich erst in ein paar Wochen wiederkommen – und setzte mich wieder in die Bahn, fuhr über die Rendsburger Hochbrücke, an Feldern und Kühen vorbei und freute mich auf mein warmes, ehrliches, liebevolles Zuhause.

Abnehmen, Essen, Hunger, Zentimeter verlieren, Maße halten: Darum kreisen meine Gedanken ständig. Wirklich permanent. Modeln war mein Job, und in diesem Job ist die Erscheinung deines Körpers die Hauptsache. Es geht nicht darum, wie gesund er ist, es geht nur darum, wie er aussieht. Vieles kann man dabei kaschieren, Pickel etwa oder Narben. Doch wenn dir ein Outfit zu klein ist, dann trägt es eben eine andere. Da ist niemand, der darauf wartet, dass der Reißverschluss irgendwann doch zugeht. Wenn sich eine Chance bietet, musst du ready sein. Das kann jederzeit sein – oder nie.

Wie eine Belohnungskarotte hingen die großen Shows im Geiste vor meiner Nase. Immerzu lief ich ihr hinterher, bis ich vor Erschöpfung fast umfiel. Dann nahm ich wieder zu, was eigentlich nicht sein durfte, weil ja jeden Moment das Telefon klingeln konnte. Manchmal bekam ich aus einer meiner Agenturen Nachrichten wie diese hier:

»Sweetie, the weight is your battle. Get into shape, no fried foods, no alcohol, no bread, no cream, butter, sweets, no fats or lots of cheeses. Don't miss your moment!!! We love you and believe in you [...] and the hardest thing is to be secure in oneself!! Call you tomorrow!!! XXX«

Solche Nachrichten sollten mich aufbauen, ließen mich aber ratlos und alleine zurück. Die Agenten hatten keine Ahnung, wie ich mich wirklich fühlte. Kein Wunder, ich spielte ihnen ja auch immer etwas vor, strahlte, wenn ich strahlen musste, und ließ niemanden in den Entscheiderpositionen wissen, wie schwer es mir fiel, mit 1,81 Metern Größe unter die 55-Kilo-Marke zu kommen, denn nur dann war ich in shape.

Manchmal unterstützten meine Modelfreundinnen und ich uns gegenseitig. Dann machten wir zusammen irgendeine Diät, die gerade als besonders effektiv galt, oder gingen zum Schwitz-Yoga. Mit ihnen zu reden war erleichternd, weil sie all meine Probleme und Gedanken nachvollziehen konnten und verstanden. Ihnen ging es ja nicht anders als mir. Wir probierten alles, jede Sportart, die gerade auf den Markt kam, und jede Diät, die schnellen Erfolg versprach.

Unter anderem machte ich mit meiner Freundin Cici Juice Cleanses, bei denen man jeden Tag vier Obst- und Gemüsesäfte und Nussmilch trinken musste. Mehr durfte man nicht zu sich nehmen. Nach drei Tagen bekam ich Kopf- und Bauchschmerzen, Durchfall und musste mich übergeben. Der Mitarbeiter in dem New Yorker Saftladen, der diese Kur anbot, meinte, das seien ganz normale Entgiftungsnebenwirkungen. Als ich ihm sagte, ich könne diese Säfte nicht auch nur einen Tag länger trinken, antwortete er: »Okay«, zuckte mit den Schultern und verkaufte den nächsten Saft an die Kundin hinter mir. In New York muss ein solcher Laden nicht um Kunden buhlen. Das Versprechen, abzunehmen und etwas Gutes für seinen Körper zu tun, reicht. Ein schicker Name, eine hübsche Verpackung dazu, dann rennen sie dir die Bude ein.

Ich probierte mich weiter durch die Diäten. Und weil der Körper so schnell vergisst, probierte ich es nach ein paar Monaten auch wieder mit der Saftkur.

Auf nichts von alledem bin ich heute stolz, am allerwenigsten auf die Abführmittel, die ich nahm, wenn ich zu viel gegessen hatte, und auf den Alkohol, mit dem ich meinen Hunger eine Zeit lang belohnte und auf dessen betäubendes Gefühl ich mich immer freute. Eine Freundin erzählte mir, ein Booker in New York habe mal zu ihr gesagt: »Never eat and drink together.« Sprich: Entweder isst du etwas oder du trinkst Alkohol. Beides geht nicht. Viele Models entscheiden sich dabei fürs Trinken. Manche von ihnen werden abhängig. Mir passierte das nicht. Zum Glück. Doch wo war mein Fokus? Immer im Außen – »don't miss your moment!« –, nie bei mir selbst.

Selbst an Weihnachten dachte ich, die ich immer ein absoluter Familienmensch gewesen war, nur an den Job. Kurz vor den Feiertagen kam oft eine E-Mail aus der Agentur, in der uns Models nicht nur ein frohes Fest gewünscht, sondern auch gemahnt wurde, wir sollten nur nicht die Fashion Week vergessen, die immer vor der Tür stand. Was machte ich also, um nicht zuzunehmen? Ich machte eine Kohlsuppendiät und schaute meiner Familie an Heiligabend dabei zu, wie sie Kekse, Kartoffelsalat und Würstchen aß. Mein geliebter Milchreis, den es nach dänischer Tradition jedes Jahr gab und in dem immer eine Mandel versteckt war, die demjenigen, der sie fand, ein

Geschenk bescherte, ging an mir vorüber. Ich roch nur einmal kurz daran.

Während meiner Zeit 2011 in New York verbrachte ich viel Zeit mit Vanessa, die ich auf der Fashion Week dort kennengelernt hatte. Wenn wir beide keine Jobs hatten, trafen wir uns jeden Tag. Ich stand früh auf, ging ins Fitnessstudio oder zum Yoga und holte mir danach einen grünen Saft – in New York waren alle derart besessen von diesen Säften, dass ich meinen Körper einfach dazu zwang, sie zu mögen. Und wenn ich sie nur ein Mal am Tag trank, wurde mir auch nicht übel von ihnen.

Am frühen Nachmittag traf ich Vanessa am Union Square. Dort, im Souterrain eines typischen New Yorker Backsteingebäudes, war unser Lieblingscafé. Wir bestellten beide einen Cappuccino, der eine Mahlzeit für uns bedeutete. Manchmal gönnten wir uns dazu einen Muffin aus Leinsamen: 80 Kalorien. Wir teilten ihn uns. Danach gingen wir spazieren, liefen an Bäckereien vorbei, deren prächtige Auslagen wir zu ignorieren versuchten. Wir unterhielten uns stundenlang übers Essen und Abnehmen, über unser Heimweh und den unbedingten Willen, noch mehr Jobs und höhere Gagen zu bekommen. Im Grunde genommen ging es darum, die Zeit zwischen den Jobs totzuschlagen, ohne zu viel Geld und Energie zu verbrauchen, immer auf Abruf, falls doch noch ein Casting oder ein Job reinkam.

Vanessa war wie Cici eine Ausnahme in diesem Business: Sie zu haben, fühlte sich wie Familie an.

Wenn wir an Bioläden vorbeikamen, nahmen wir uns immer etwas, das dort zum Probieren angeboten wurde. Wenn wir nur probierten, zählte es für uns nicht als gegessen, selbst wenn es am Ende des Tages so viel war, dass wir uns problemlos auch ein ganz normales Mittagessen hätten gönnen können. Doch auch darum ging es: sich eben nichts zu gönnen, hart zu sich selbst zu sein und zu bleiben. Den Körper zu kontrollieren. Immer an der Figur zu arbeiten, weil es immer noch schmaler ging.

Die Härte hielt bis nachts an. Dann kamen die Unruhe, die Schweißattacken, manchmal auch Kopfschmerzen und der Hunger. Wenn alles unerträglich wurde, bekam ich Fressanfälle. Nicht oft, aber oft genug. Mein Verstand setzte dann aus. Ich kann kaum in Worte fassen, wie sich so eine Attacke anfühlte. Meist wachte ich auf und ging auf die Toilette, doch anstatt danach ins Bett zu gehen, lief ich in die Küche.

Ich brauche jetzt was. Irgendwas!

Ich suchte die Schränke ab, bis ich etwas fand, das Zucker enthielt. Später in Berlin, als ich mit meinem Bruder zusammenwohnte, löffelte ich nachts immer Honig, weil wir sonst nichts Süßes im Haus hatten und weil das Öffnen des Honigglases nicht knisterte oder raschelte. Mein

Bruder sollte bloß nicht aufwachen und mich erwischen. Als ich es ihm später einmal erzählte, antwortete er, er habe sich immer gewundert, wie schnell der Honig leer sei. Seitdem nannten wir so einen Anfall »Honeybee«. Klingt niedlich, ist es aber nicht.

Auch in den Modelapartments, in denen ich immer mal wieder lebte, kamen diese Anfälle, dann leerte ich beispielsweise das Glas Erdnussbutter einer Kollegin, ging am nächsten Tag in den Supermarkt, kaufte es nach, nahm so viel raus, wie vorher gefehlt hatte, und stellte das Glas zurück in den Schrank. Die herausgenommene Erdnussbutter schmiss ich weg. Ich fühlte mich dabei wie in Trance, mein Verstand war nicht klar. Es war, als wolle mein Körper sich das zurückholen, was ich ihm vorenthielt.

Das zählt jetzt nicht, mein Körper will es und braucht es auch.

Was ich in solchen Momenten aß, war egal. Am besten schnelle Kohlenhydrate, die den Blutzucker steigen ließen und den Hunger schnell stillten. Wenn ich fertig war, legte ich mich ins Bett und schlief sofort ein. Am nächsten Morgen erinnerte ich mich nicht immer sofort dran. Meistens fiel es mir im Laufe des Tages ein und machte mich wütend auf mich selbst. Dieses Bewusstsein, dass das Essen jetzt in mir drin war und ich ganz genau wusste, dass mein Körper sich daran bediente – es war schrecklich.

Als Motivation schrieb ich Abnehmtagebücher, in denen ich alles penibel aufzählte: wie viel ich wog, was ich aß, wie viele Kalorien ich zu mir genommen hatte. Bestimmt schrieb ich sie auch, um mich noch mehr unter Druck zu setzen. Sie waren wie eine Challenge. Ich habe Dutzende von ihnen und mit jedem Tagebuch, das ich anfing zu schreiben, ging der Kampf von vorne los. Ein Beispiel?

Shows I wanna do: Chanel
Startgewicht: 58,9 Kilo
Zielgewicht: 54,4 Kilo
Zeit: keine
Get ready for Fashion Week 2012! This is my season!!!
... if not? That's it!
Frühstück: Weetabix mit Milch = 200
Snack: Nüsse = 200, Apfel = 100, Obst = 200
Abendbrot: Gemüsesuppe = 200
Total: 910 Kilokalorien.

910 Kilokalorien – für einen normalen Körper viel zu wenig. Für ein Model viel zu viel. Am Ende dieses Tagebuchs stand in großen Buchstaben »LOSER«. Chanel hatte mich nicht gewollt.

In späteren Tagebüchern notierte ich mein Gewicht nicht mehr in Kilogramm, sondern nur noch in Pfund. Das Erfolgserlebnis erschien mir größer, wenn ich statt »– 2 kg« »– 4,4 lbs« schreiben konnte.

Zwischen 53 und 55 Kilogramm war mein Körper »perfekt«. Wollte ich für Chanel oder Givenchy laufen, musste ich so wenig wiegen. Mit 57 Kilogramm konnte ich Shootings für Kataloge machen, für Shows wurde ich so schon nicht mehr gebucht. Und deshalb stand als Ziel der meisten Tagebücher: 55.

Als ich 18 war, blieb meine Periode das erste Mal aus, doch als meine Mutter sagte, das könne schon mal vorkommen, dachte ich zunächst nicht mehr darüber nach. War ich für die Modewelt in top shape, bekam ich sie nie. Wenn ich zunahm und mehr als 59 Kilogramm wog, setzte sie wieder ein, dann wusste ich: Jetzt bist du »zu dick«. Vielen meiner Kolleginnen, die auch bei den großen Shows in New York, London, Mailand oder Paris liefen, ging es ähnlich. Das bedeutete, dass unser Zyklus mindestens vier Monate im Jahr, also immer während der Shows, massiv gestört war. Viele lachten darüber: »Ach, bei dir auch? Willkommen im Team!«

Gedanken und schließlich Sorgen machte ich mir erst, als meine Periode länger als ein Jahr lang aussetzte. Ich überlegte, die Pille zu nehmen, um meinen Zyklus in Gang zu setzen und ihn zu stabilisieren. Meine Frauenärztin meinte, ich solle lieber zunehmen, damit meine Periode auf natürliche Weise wiederkäme: »Wenn ein gesunder Körper seinen Hormonhaushalt selbst steuern kann, wieso ihn dann künstlich manipulieren?«

Auch in der Branche riet man mir von der Pille ab, allerdings aus anderen Gründen: »Davon wirst du fett!« Sowieso solle ich mir nicht so viele Gedanken machen, so würde es schließlich fast allen von uns gehen, das sei doch normal.

Natürlich wollte ich nicht fett werden. Also ließ ich die Pille erst einmal weg und redete mir wie meine Kolleginnen ein, ich könne ja später, wenn ich Kinder haben wolle, wieder zunehmen.

Keiner sprach davon, dass es auf Dauer ungesund für eine Frau ist und sich negativ auf ihre Fruchtbarkeit auswirken kann, wenn ihre Periode dauerhaft ausbleibt. Viele wussten es nicht einmal. Doch wenn der Körperfettanteil zu gering ist, produziert der Körper nicht mehr genügend Hormone, mit denen der Eisprung stimuliert wird.

Der Berufsverband der Frauenärzte schreibt dazu: »Die Unterernährung versetzt den Körper in eine Art Notzustand, in dem sämtliche Reserven für die Selbsterhaltung benötigt werden. Eine Schwangerschaft würde in dieser Situation die Gesundheit von Mutter und Baby ernsthaft gefährden. Daher lässt es der Körper in der Regel erst gar nicht dazu kommen und der Eisprung bleibt aus. Auch nach einer erfolgreichen Behandlung bleibt die Infertilität meist noch längere Zeit bestehen – es kann bis zu Jahren dauern, bis die Fruchtbarkeit wieder einsetzt. Das Ausbleiben der Östrogenproduktion verursacht Beschwerden und Symptome, die denen in den Wechseljahren ähneln – wie beispielsweise Osteoporose.« Weiter heißt es, dass eine Magersucht spätestens dann eindeutig vorliegt, wenn bei Frauen die Regel ausbleibt, das Körpergewicht 15 Prozent unterhalb des Normalgewichts liegt oder der Body-Mass-Index (BMI) bei unter 17,5 Punktwerten liegt.

Natürlich ist der BMI nur ein Richtwert. Trotzdem: Zu meinen dünnsten Zeiten, 2017, wog ich 53 Kilogramm. Mein BMI damals: 16.

Aber: Don't miss your moment!

Als ich 2013 mal wieder »zu dick« war, empfahl mir meine Agentur eine Kur irgendwo in der Pfalz. Das würden auch andere Topmodels machen, wenn sie abnehmen wollten. Es war später Frühling und irgendetwas musste ich tun, schließlich wollte ich für die Shows im Herbst gebucht werden. Und wenn auch andere Models damit Erfolg hatten, warum nicht? Ich schaute mir die Homepage an. Was dort stand, klang vielversprechend. Da aber nirgends ein Preis zu sehen war, rief ich an und fragte, wie viel so eine Kur überhaupt kosten würde. Es war irrsinnig teuer. So teuer, dass ich mir das unmöglich leisten konnte. Auf der Suche nach etwas Günstigerem fand ich ein Kurhaus in Westfalen, das Detox-Urlaub anbot. Zehn Tage, 2500 Euro. Viel weniger als die andere Kur, aber immer noch so kostspielig, dass meine Erwartungen sehr hoch waren.

Als ich dort ankam, sah ich nur Menschen jenseits der 60. Bist ja auch nicht zum Feiern hier, dachte ich und richtete mich in meinem Zimmer ein. An der Wand hingen Bilder von Tulpen und Lilien, die Blümchengardinen passten zum Rot des Teppichs und dem restlichen Einrichtungsstil: Eiche rustikal. Die Aussicht war phänomenal, genauso wie die Luft, und immerhin war es kein Modelapartment mit Stockbetten und Gemeinschaftsbad. Es gab einen Pool, eine Sauna und Rehe im Garten. Überall lief Personal herum, das sich um die Gäste kümmerte: Ärzte und Fitnesstrainer, Köche und Servicemitarbeiter, Heilpraktiker und Masseure. Am Anfang wurde ich gewogen: 63 Kilogramm. Der Arzt sagte: »Na, wollen wir doch mal sehen. Nach zehn Tagen sieht das schon anders aus.« Er machte mir Hoffnung.

Die Tage fingen bitter an: Um 7 Uhr musste ich Glaubersalz zu mir nehmen. Wer das schon mal getrunken hat, weiß, wie widerlich es schmeckt. Danach wartete ich, bis es wirkte. Erst kommen Magenkrämpfe, dann sitzt man sehr lange auf der Toilette.

Zum Frühstück gab es eine kleine Portion Hüttenkäse in einem trichterförmigen Eisbecher – damit es nach mehr aussah – und eine Scheibe trockenes Graubrot, das ich mindestens 30 Mal kauen musste, bevor ich es runterschlucken durfte. Wir Kurgäste hatten einen eigenen Platz im Restaurant, was gut war, denn das Hotel war auch für normale Gäste geöffnet, die essen konnten, was sie wollten: gebratenen Speck, Croissants, Butter, Nutella. Alles.

Es folgten Anwendungen wie Heuwickel und Entgiftungsmassagen. Die Physiotherapeutin war selbst jung und freute sich, endlich mal jemandem in ihrem Alter zu begegnen. Sie sagte, ich solle mir viel Ruhe gönnen und mein Handy ausschalten, was ich auch tat. Meistens. Natürlich checkte ich zwischendrin immer wieder meine Nachrichten, wichtige Anrufe aus der Agentur konnten schließlich jederzeit kommen.

Und tatsächlich: Am dritten Tag hatte ich zehn Anrufe in Abwesenheit. Dazu eine Nachricht: »Anne-Sophie. Polaroids für YSL Beauty. Jetzt!« Yves Saint Laurent! Aufgeregt, machte ich ein paar Selfies in verschiedenen Outfits und schickte sie los. Dann wartete ich. Alle zwei Minuten schaute ich auf mein Handy: nichts. Entspannung und Ruhe waren dahin. Am nächsten Tag hielt ich es nicht mehr aus und rief an. Am Ende der Leitung: »Ach so, ja, nee. Sorry.« Den Job hatte eine andere bekommen.

Die nächsten Tage versuchte ich, mich wieder zu entspannen, ging spazieren und atmete die frische Luft ein. Am letzten Abend gab es das erste richtige Essen. Nach zehn Tagen Glaubersalz, Hüttenkäse, Brot und Wasser schmeckten der Fisch und das Gemüse himmlisch.

»So erholt sahst du noch nie aus«, sagten meine WG-Mitbewohner, als ich zurück nach Berlin kam, wo ich in dieser Zeit wohnte.

»Das will ich auch hoffen für 2500 Euro«, antwortete ich. Die Ruhe hatte mir tatsächlich gutgetan und abgenommen hatte ich auch. Dass es vor allem Wasser war, das ich verloren hatte, merkte ich schnell, denn nach zwei Wochen war das gesamte Gewicht wieder da – und somit auch der Stress.

In den folgenden Monaten versuchte ich, zusammen mit meinem Bruder abzunehmen. Wir luden uns motivierende Apps runter und schickten uns, wenn ich mal wieder irgendwo in der Welt unterwegs war, gegenseitig Bilder von unseren Fortschritten. »Siehst du was? Schau, vor drei Wochen und jetzt ...«

Oft rief ich auch einfach an und weinte. Da war diese unglaubliche, unbeschreibliche Traurigkeit in mir. Damals wusste ich nicht, woher meine krassen Stimmungsschwankungen kamen. Oder besser gesagt: Ich wollte es nicht wahrhaben. Heute weiß ich, dass es einerseits die permanente Unsicherheit war, der ich als Model ausgesetzt war. Andererseits gehören Stimmungsschwankungen zu den Nebenwirkungen von Unterernährung und Östrogenmangel. Letztlich sind auch sie Teil der ganz normalen Nebenwirkungen des Modelbusiness.

Dutzende Male hörte mein Bruder: »Mathias, ich kann einfach nicht mehr.« Dutzende Male fielen ihm Antworten ein, die mich trösteten und wieder aufbauten: »Anni, ich glaub an dich, und egal was passiert, ich werde dich immer lieben.« Diese Gewissheit half mir, weiterzumachen.

Februar 2014: Mal wieder Fashion Week. Ich hungerte, aß kaum, ernährte mich vegan, trank abends Wein als Trostpflaster und machte viel Sport. Ich hatte kaum Kraft, war müde, aber top in shape: 55 Kilogramm. In den letzten Jahren hatte ich immer wieder Gewicht und Zentimeter verloren und wieder zugelegt. Aber jetzt stimmte in den Augen meiner Agentur wieder alles.

Ich fror die ganze Zeit. Zugegeben, es war sehr kalt, aber selbst unter meiner Bettdecke wurde mir nicht richtig warm. Jeden Tag ging ich zu zehn Castings, die wie immer quer über die Stadt verteilt waren, hatte Optionen auf Shows. Ich lief und lief, kaum war ich zu Hause, wurde ich wieder losgeschickt. Ich war müde, aber meine Hoffnung war stärker als meine Kraftlosigkeit.

Am Ende eines langen Tages rief meine Mutter an. Es wurde gerade dunkel und noch kälter. »Oma ist im Krankenhaus«, sagte sie. »Sie hat mich jetzt nach Hause geschickt, weil sie allein sein wollte. Aber ich fahre gleich morgen früh wieder zu ihr.« Mein Herz zog sich zusammen. »Ich glaube, es geht nicht mehr lange.«

Das kann nicht sein. Oma war doch immer da.

Der Gedanke, dass sie sterben würde, war für mich unvorstellbar. Ich weinte, Mama weinte. Ich lief durch die Straßen, während wir redeten: über das Leben, über das Sterben, über Oma.

Meine Oma Annemarie, die Mutter meiner Mutter, war fast 97 Jahre alt und immer fit gewesen. Früher hatte sie mit meinem Opa ein Hotel gehabt, dort Lehrlinge ausgebildet und Gäste bewirtet. Sie lebte in Cuxhaven, bis sie mit 82 in eine Seniorenresidenz in unserer Nähe zog. Dort hatte sie ihre eigene kleine Wohnung mit zwei Zimmern, Küche, Bad und Balkon. Ich liebte es, bei ihr zu sein. Ihre Wohnung war für mich der Inbegriff von Gemütlichkeit. In ihrem Wohnzimmer stand immer eine Schale mit Süßigkeiten und auf dem Balkon oft frisch gemachte rote Grütze, die dort abkühlen sollte. Sie backte und kochte unglaublich gern und gut und brachte mir alles bei. Dabei erzählte sie immer Geschichten aus der Großküche des Hotels, von denen ich nie genug bekommen konnte.

Meist hatte ich früher als meine Geschwister Schulschluss und ging dann zu ihr. Ich stoppte auf der Höhe ihres Küchenfensters, schaute hoch in den dritten Stock, und da stand sie auch schon, lächelte und winkte. Ich winkte zurück, und wir freuten uns beide, einander zu sehen. Sie kochte für mich Lachs mit Kartoffeln und viel zerlassener Butter. Danach spielten wir *Rommé*, *Kniffel* und *Mensch ärgere dich nicht*. Zum Kaffee gab es Butterkuchen oder Windbeutel, beides köstlich, dazu schwarzen Tee mit Kandis und Sahne. Es war unser Ritual, die Sahne ganz langsam mit einem Löffel in den Tee zu gießen. Wir lachten immer so viel miteinander. Wenn meine Mutter kurz vor dem Abendbrot kam, wollte ich nicht gehen und legte mich immer auf Omas Teppich aus Marokko, der so gut roch, als wolle ich ihr damit zeigen, ich sei hier festgewachsen.

Manchmal durfte ich bei Oma übernachten, wir schauten Günther Jauch im Fernsehen, tranken Tee und Oma ein Glas Rotwein. Morgens kroch ich zu ihr unter die Bettdecke, wo es schön warm war, und legte mich in ihren Arm.

Ich wurde älter, sie wechselte ein paar Mal das Altersheim, aber meine Eltern, Geschwister und ich waren fast jeden Tag bei ihr, versorgten sie mit Blumen, Kuchen, Wein und Büchern. Bis sie 95 Jahre alt war, las sie ständig. Danach wurde es etwas beschwerlich.

Als sie hörte, ich würde mit dem Modeln anfangen, fand sie es irgendwie toll und faszinierend. Nur das Abnehmen gefiel ihr nicht: »Ich verstehe das nicht«, sagte sie. »Das kann doch nicht gesund sein. Und die messen dich da nach Zentimetern?« Meine Oma war im März 1917 geboren. Sie hatte zwei Weltkriege miterlebt, sie wusste, was Hunger bedeutete, und konnte nicht begreifen, wie sich ein Mensch das freiwillig antun konnte.

In ihrem Badezimmer stand ein Foto von mir, das ich vor der Vertragsunterzeichnung mit der Agentur gemacht hatte. Es stand dort bis zu ihrem Tod. Immer wieder wollte ich ihr andere Fotos schenken, die bei Shootings entstanden waren, aber darauf erkannte sie mich nie. »Das

Foto im Badezimmer. Das bist du! Da strahlst du mich jeden Morgen so schön an.«

Ich weiß, dass sie viel über mich redete, wenn ich nicht da war: »Die kleine Anni, die macht das schon. Aber sie muss doch was essen.« Und sie war stolz auf mich. Wenn ich in der Zeitung war, sagte sie: »Anni, ich seh dich über den Laufsteg schweben.« Sie sagte aber auch: »Ach, die spinnen doch alle! Und musst du immer so böse gucken?« Sie war eine tolle Frau und sehr wichtig für mich. Ich liebte sie über alles.

Immer, wenn ich zu Hause in Flensburg war und sie besuchte, sagte ich mir, ich dürfe jetzt alles essen, weil Oma sich sonst Sorgen machen würde. Natürlich vergaß ich hinterher nichts von dem, was ich bei ihr gegessen hatte, und versuchte, es irgendwie wieder auszugleichen. Später, als sie nicht mehr selber backen konnte und wir ihr Kekse aus dem Supermarkt mitbrachten, schaute ich immer auf die Nährwertangaben: Welche Kekse waren die am wenigsten schlimmen? Welche hatten am wenigsten Zucker und Kalorien? Welche Kekse darf auch ich essen, wenn ich bei ihr bin?

Ich dachte an die Kekse, als ich mich an diesem kalten Wintertag in New York mit Mama am Telefon in ein Café setzte, einen Wein bestellte und einen Brotkorb dazu bekam. Ich knabberte an dem Brot, so wie ich immer an den Keksen geknabbert hatte, damit ich nicht zu viele aß.

Mama hatte sich zu Hause in Deutschland auch ein Glas Wein eingeschenkt: »Auf Oma.« Ich saß mit meiner Kapuze über dem Kopf an einem kleinen Tisch und versuchte, die Außenwelt auszublenden. Niemand sollte meine Tränen sehen.

»Ich hab Oma ganz viel erzählt, hab ihr gesagt, dass du in New York bist. Sie hört und versteht noch alles.«

»Mama, wenn du morgen zu ihr gehst, sag ihr, dass ich an sie denke, ja? Und sagt ihr, wie lieb ich sie hab.«

»Mach ich, Anni. Mach ich.«

Dann legten wir auf.

Ich merkte, wie der Wein mich betrunken gemacht hatte und wie erleichtert ich mich davon fühlte. Ich ging nach Hause und legte mich ins Bett, mal wieder ohne Abendessen. Das Handy legte ich wie immer eingeschaltet neben mein Bett.

Am nächsten Morgen beim Aufstehen sah ich die Nachricht meiner Mutter: »Oma ist heute Morgen eingeschlafen. Sie hat deinen Gruß noch gehört.« Ich rutschte auf den Boden und saß da, weinend und allein.

Ich rief bei meiner Agentur an: »Bucht mir einen Flug, egal was er kostet, alles egal. Ich will weg hier. Heute noch.« Dann rief ich meine Mutter an und sagte, dass ich kommen würde. Ich packte meine Sachen. Am Abend ging der Flug.

Als ich in Deutschland ankam, fuhren meine Eltern, meine Schwester, mein Bruder und ich sofort zum Bestatter, wo meine Großmutter aufgebahrt war. Noch nie zuvor hatte ich einen toten Menschen gesehen. Da lag sie, die Augen geschlossen, unter der Bettdecke, unter der wir früher immer gekuschelt hatten. In mir kamen tausend Gefühle hoch, selbst der Gedanke, sie könne doch noch am Leben sein. Wir sangen ihr ein Lied. Ich nahm ihre Hand und legte ihr das Foto aus dem Bad in den Arm: die kleine Anni mit dem gesunden, fröhlichen Lachen.

Danach gingen wir zum Griechen. Wir aßen und tranken auf Oma – ich zählte keine Kalorie – und erzählten uns Geschichten von ihr. Wir lachten und weinten und es fühlte sich an, als sei sie uns ganz nah. Mein Handy hatte ich lautlos geschaltet. Dieser Moment gehörte nur Oma.

Als wir zu Hause ankamen, schaute ich aufs Display: zehn Anrufe in Abwesenheit aus der Agentur. Ich rief zurück: »Anne-Sophie, du bist gebucht für Givenchy exclusive in Paris. Wahnsinn!«

Mein Bruder sagte: »Ich wusste immer, dass du irgendwann ganz groß rauskommst.«

Meine Mutter sagte: »Das hat dir Oma geschickt.«

Ich sagte: nichts.

Einen Tag nach der Beerdigung flog ich nach Paris und lief exklusiv für Givenchy. In diesem Moment fühlte es sich an, als hätten sich alle Entbehrungen, all das Hungern, das Warten, die Unsicherheiten gelohnt. Das war das High, auf das ich immer hinarbeitete und das mich immer, wirklich immer alles Negative vergessen ließ.

12. Body of my Dreams

Im Herbst 2015 lernte ich Erin kennen. Sie ist Personal Trainerin in New York und auf Models spezialisiert. Meine Agenten dort hatten sie mir schon 2014 ein paar Monate nach Omas Tod empfohlen, dann aber gemeint, ich solle doch lieber 30 Tage lang eine Green Kur machen: viel Obst und Gemüse und ein bisschen mageres Fleisch. Das sei viel preiswerter und komme am Ende aufs Gleiche raus. Also machte ich die Kur. Ich nahm wie immer ab – und wieder zu.

Als ich ein Jahr später wirklich nicht mehr weiterwusste, alle Diäten auf diesem Planeten rauf und runter probiert hatte und immer noch zu viel wog, mir aber nicht eingestehen wollte, dass mein Körper vielleicht einfach schon an der Grenze des Machbaren war, erinnerte ich mich an Erin, schrieb ihr eine Nachricht und bekam einen Platz bei ihr. Zwar wohnte ich mal wieder in Berlin, doch das war kein Problem, Erin betreute Models auf der ganzen Welt. Sie selbst war die beste Werbung für ihre Arbeit. Sie strotzte vor Energie – zumindest gab sie das vor – und war unglaublich durchtrainiert: nur Muskeln, kein bisschen Fett. Auf ihrer Homepage standen Wörter wie »body of your dreams«, »confident«, »strong« und »happy«. Das war ihr Versprechen.

»Zuerst«, schrieb sie mir, »machen wir ein Programm, durch das du Gewicht und Umfang verlierst, und dann eines, durch das du das alles halten kannst.« Das Halten sei das eigentlich Schwierige. »Ab jetzt musst du dir nicht mehr den Kopf über Essen und Sport zerbrechen. Ich mach das für dich.«

Da hatte sie mich. Endlich gab es jemanden, der das für mich übernahm, was mir am meisten zu schaffen machte: die Gedanken an Abnehmen, Essen, Maße. In diesem Moment ahnte ich nicht, wie sehr das alles an meine psychische Substanz gehen würde.

Jetzt schaff ich es! Body of my dreams. Confident. Happy.

Ich war mir sicher, dass ich ihr Programm durchziehen würde, schließlich kostete es 1000 Dollar im Monat. Ich funktioniere so. Wenn ich für etwas bezahlt habe, möchte ich ein Ergebnis sehen, auch wenn es bedeutet, dass ich mir selbst alles abverlangen muss.

Erins Programm fing damit an, dass ich Unmengen von Tupperdosen kaufen musste. Sie sagte, die Dosen würden von nun an meine ständigen Begleiter werden. Dann sollte ich eine Woche lang genau notieren, was ich gegessen hatte. Daraus entwickelte sie den Sport- und Diätplan. Jeden Abend schickte sie mir eine Liste für den nächsten Tag. Darin stand, welches Training ich absolvieren und was ich essen musste. Ich sage bewusst *musste*, denn ich war es ja gewohnt, so gut wie nichts zu essen. Jetzt gab es für mich alle drei Stunden eine Mahlzeit.

In den kommenden Monaten aß ich Unmengen von Quark und Dosenthunfisch – auch zum Frühstück. Zudem mageres Fleisch und Obst und Gemüse, so viel ich wollte. Kohlenhydrate waren verboten, außer denen aus dem Obst und Gemüse. Erin sagte, es sei essenziell für meinen Erfolg, dass ich mich strikt an ihre Pläne hielt. Manchmal musste ich dafür um 4 Uhr morgens aufstehen, weil ich vor einem Job noch eine Stunde lang die Treppenstufen im Hotel hoch- und wieder runtergehen sollte. Davor musste ich noch frühstücken, damit mein Körper beim Training die Energie nicht aus den Muskeln zog. Sofort danach musste ich wieder essen. Mein Training bestand meist aus Bodyweight-Übungen, damit ich sie überall, ob zu Hause oder im Hotel, machen konnte. Wenn möglich, sollte ich Erin dafür Fotos vom Hotelzimmer schicken, damit sie mir entsprechende Übungen zusammenstellte. Ich trainierte fünf Mal die Woche zwischen 30 und 60 Minuten. Mit Erfolg: Ich nahm ab und war innerhalb kürzester Zeit in shape.

Auf Shootings nahm ich immer meine eigenen Mahlzeiten mit. Der meiste Platz in meinen Koffern ging für durchgeplante, sauber abgewogene und portionierte Essensrationen drauf.

Erin war streng. Sehr streng. Und meine Fokussierung so stark, dass ich sogar im Restaurant meine Tupperdosen auspackte, wenn der Rest des Shooting-Teams dort Mittagspause machte. Manchmal fragten mich Kunden oder Team-Mitglieder, ob ich nicht doch richtig mitessen wolle. Meine Antwort: »Ihr wollt mich so, dann muss ich so essen.«

»Aber du bist doch schon so dünn.«

»Ja, genau deshalb: weil ich nur mein eigenes Essen esse und nichts vom Catering und nichts aus einem Restaurant.«

Verständlich, dass das nicht alle Restaurants mitmachten: Als wir einmal in einen Biergarten in München gingen und ich fragte, ob ich nur ein Besteck haben könne, ich müsse eine besondere Diät einhalten, sagte der Kellner, das ginge nicht, ich müsse das Restaurant leider verlassen. Also ging ich ins Studio und aß da. Zugegeben: Ich genoss es, die halbe Stunde ganz alleine zu sein, besonders sozial war mein Leben zu der Zeit ohnehin nicht. Und es wurde immer schlimmer. Emotional war es ein ständiges Auf und Ab. Aus dem Nichts fing ich an zu weinen. Fühlte ich mich dünn, ging es mir gut. Fühlte ich mich nicht dünn genug, ging es mir schlecht. Ich war ständig müde, hatte schlechte Haut und schlaflose Nächte, in denen ich so sehr schwitzte, dass ich mich drei Mal umziehen musste. Wenn ich bei der Arbeit war, funktionierte ich und spaßte herum, nur um abends in ein tiefes Loch zu fallen.

Ich lebte vom High des Business, davon, dass andere Models sagten: »Wow, ich will so dünn sein wie Anne-

Sophie.« Diese Worte bedeuteten für mich Erfolg. So etwas hatte ich noch nie vorher gehört. Bekam ich zusätzlich gute Jobs, die auch noch gut bezahlt waren, hielt mich das bei Laune und gab mir Kraft. Dann ergab alles Sinn. Schließlich tat ich auch alles dafür: das Essen, das Training, die strenge Tagesplanung, das Auslassen von Festen und Urlauben, Freunde und Familie, die hintanstanden, weil ich immer auf Abruf war für irgendwelche Jobs, die in den Sternen standen. Es tat mir gut zu wissen, dass ich jetzt in shape war und zu Castings gehen konnte, ohne Angst zu haben, »Fatty« genannt zu werden.

Wenn ich zu lange keinen Job hatte, wurde ich unruhig und ungeduldig. Stand ich kurz davor und bekam ihn dann wieder nicht, kamen die Zweifel, die Niedergeschlagenheit, die Hoffnungslosigkeit. Dann wollte ich wieder alles hinschmeißen.

Erin sagte, ich müsse mit meinem Essen und meinem Training immer ehrlich zu ihr sein, auch wenn ich mal etwas nicht einhielt – und ich war ehrlich, schließlich bezahlte ich sie dafür, dass mein Körper auf dem Markt eine Chance hatte. Doch ihre Reaktionen auf meine Ehrlichkeit zogen mich auch extrem runter.

Wenn ich ihr beispielsweise schrieb, ich sei gerade Kaffee trinken gewesen, »aber nur einen Non-Fat-Cappuccino«, schrieb sie zurück: »Na toll! Damit hast du die ganze Woche ruiniert. Da hättest du gleich einen

Milchshake trinken können.« Wenn ich sie anrief und sagte, ich wolle nicht jeden Morgen Hüttenkäse essen, ob nicht auch etwas anderes ginge, motzte sie mich an: »Willst du mich eigentlich verarschen? Ich sitze jeden Tag da und mache Pläne extra nur für dich und deinen Körper und du willst alles über den Haufen werfen?«

Manchmal wurde sie richtig laut. Vor allem, wenn ich ihr einen Fressanfall beichtete. Dann sagte sie: »Großartig! Jetzt können wir wieder an dem Punkt von vor zwei Wochen anfangen.« Nach solchen Telefonaten rief ich mal wieder meinen Bruder an und erzählte ihm unter Tränen: »Jetzt hat sie mich wieder fertiggemacht, weil ich das Falsche gegessen hab.«

Ich hörte nie auf, ihr meine Ausrutscher zu beichten. Ihre Diät zeigte ja Erfolg und das war es, wofür ich sie bezahlte: Ich wollte Erfolg. Zudem wusste ich, dass ich mich selbst an der Nase herumführte, wenn ich es nicht erzählte. Also hielt ich es aus, wenn sie mich anschrie, gelobte Besserung, rief meinen Bruder an und weinte.

Meine Geschwister werden heute noch wütend, wenn der Name Erin fällt, so groß und in ihren Augen negativ war ihr Einfluss auf mich. Und sie haben recht: Einerseits entspannte mich ihre Kontrolle für eine gewisse Zeit, weil ich wusste, dass es funktionierte. Ich musste nichts berechnen, einfach nur stur ihrem Plan folgen. Wenn da stand, ich müsse um 16 Uhr Hüttenkäse essen, dann musste ich es tun, egal ob ich Hunger hatte oder nicht.

Einerseits lernte ich durch Erin wieder das Essen – vorher hatte ich ja immer nur gehungert – und sie brachte mich dazu, keinen Alkohol mehr zu trinken. Andererseits aber wurde ich regelrecht panisch, wenn ich wusste, ich würde meine Mahlzeit nicht pünktlich schaffen – mit Panik in den Augen entstehen übrigens keine guten Fotos.

Und bald hatte ich auch kein Sozialleben mehr, weil ich meine gesamte Zeit auf Erins Plan abgestimmt hatte. Jegliche Spontanität ging mir verloren und auch die Lust darauf, Freunde zu treffen. Es war einfacher, dem Plan ohne Störfaktoren zu folgen. Je weniger Menschen ich traf, desto geringer war das Risiko, ihn nicht einzuhalten.

Nur einmal, an meinem 24. Geburtstag, wollte ich unbedingt cheaten und zu Hause bei meiner Familie Kuchen essen. Ich bat Erin darum und sie willigte zu meinem Erstaunen ein. Wochenlang musste ich dafür extra hart trainieren, aber dann fuhr ich nach Hause mit einer Riesenfreude im Bauch. Als meine Mutter mich umarmte, sagte sie: »Wie dünn du schon wieder bist.«

Doch mein Bruder sagte: »Komm, Anni!«, und schon waren wir wieder aus dem Haus und auf dem Weg zu unserer Lieblingseisdiele. Mein Bruder bestellte eine Kugel Malaga und eine Kugel Snickers und ich bestellte: nichts. Schließlich wollte ich später Kuchen essen. Stattdessen probierte ich einen klitzekleinen Löffel von seinem Eis. Mein Körper reagierte sofort mit einem Zuckerflash, ich lächelte, fing an, mit meinem Bruder Quatsch zu machen, und hatte plötzlich unglaublich viel Energie. Trotzdem schrieb ich Erin eine Nachricht und beichtete ihr das bisschen Eis. Sie antwortete: »Nicht nur probieren, heute darfst du es dir gönnen. Iss ein ganzes Eis!«

Freifahrtschein! Sie hat es mir erlaubt. Jetzt darf ich!

Natürlich eskalierte das Ganze, als ich nach dem Eis auch noch vom Geburtstagskuchen aß, und zwar nicht nur ein Stück. Doch heute war es mir egal. Erin hatte gesagt, es sei okay. Und deshalb war es das jetzt auch.

Der eine Tag ging viel zu schnell rum. Schon am nächsten Morgen würde das strenge Programm weitergehen, denn auch das hatte Erin gesagt: dieser eine Tag, mehr nicht!
Im Zug zurück nach Berlin schaute ich aus dem Fenster. Felder, Bäume, Häuser zogen an mir vorüber. Ich setzte meine Kopfhörer auf, machte Musik an, schloss die Augen und begann nachzudenken.

Wo ist meine Kraft? Wo meine Fröhlichkeit?
Wo mein Lachen?

Ich dachte an Situationen, in denen meine ganze Familie beisammensaß und lachte, so wie früher, nein, eigentlich so wie immer – nur ich nicht. Warum fand ich nichts mehr lustig?

Ich dachte an all die Waagen, die ich mir gekauft und irgendwann wieder weggeschmissen hatte, nur um mir ein paar Monate später wieder eine zuzulegen.

Ich dachte daran, wie Erin mich für meinen Geburtstag vorbereitet hatte und wie sehr ich mich darüber gefreut hatte. Ich dachte daran, wie sie mich manchmal lobte und sagte: »You look so hot, you'll be killing the next show season!« Oder wie sie urplötzlich ihre weiche Seite zeigte und wie eine gute Freundin sagen konnte: »Don't worry. Shake it off!«, wenn ich ihren Plan nicht eingehalten hatte. Natürlich dachte ich aber auch an ihre Härte, wie sie mich anschreien konnte, als sei es der schlimmste Fehler meines Lebens gewesen, einen Cappuccino zu trinken.

Ich dachte an Speisekarten, die ich Erin schickte, wenn ich mit Freunden ausging, damit sie mir sagen konnte, was ich davon essen durfte und was nicht. Ich dachte daran, wie ich einmal mit ihr über Essstörungen gesprochen und gesagt hatte, ich würde mir irgendwann Hilfe holen. Sie antwortete: »They can't heal you. Nobody can.« Sie habe das alles schon durchgemacht.

Ich fühlte mich wie eine Puppe, die von A nach B gereicht wurde, angezogen, ausgezogen, gekämmt, gefüttert, in die Ecke gesetzt, vergessen. Hatte ich vorher noch selbst die Kontrolle über meinen Körper gehabt, so schlimm deren Auswirkungen auch waren, war jetzt alles fremdbestimmt: wo ich wann war, von meiner Agentur und den Kunden, was ich wann aß, von Erin.

Die Bäume und Felder zogen weiter an mir vorbei, doch je länger ich fuhr, desto mehr fing ich wieder an zu relativieren und die guten Seiten meines Jobs in den Vordergrund zu rücken. Ich dachte an das berauschende Gefühl auf dem Laufsteg, an all die kreativen, verrückten Menschen, mit denen ich arbeitete, an all die »Wows«, die Reisen, die guten Zeiten.

So dünn finden mich alle schön. Jetzt ist meine Zeit!
Jetzt schaff ich es nach ganz oben!

Heute denke ich: verrückt!

Ich kam in Berlin an, fuhr in meine Wohnung und machte weiter. Zum Abendbrot gab es eine Dose Thunfisch.

Es sollte noch acht Monate dauern, bis ich so am Boden war, dass ich Erin schrieb und ihr sagte, ich wolle es jetzt alleine schaffen. Ich wollte endlich wieder mehr Selbstbestimmung in meinem Leben haben, und ihr zu kündigen schien mir der einzige Weg dorthin.

»Of course«, schrieb sie zurück. »You are the boss. You tell me.« Sie schrieb aber auch, ich würde es nicht schaffen, das Gewicht alleine zu halten, weil wir das zweite, das Erhaltungsprogramm nie gestartet hätten. »You're going to call me again. I know.«

Das tat ich auch, denn Erin und ich blieben in Kontakt, weil sie – trotz aller Höhen und Tiefen – zu einer Freundin geworden war. Nur bestimmte sie mein Leben jetzt nicht mehr. Das tat ich alleine, trainierte viel, aß bewusst, schrieb alles auf, wurde mit allem aber etwas lockerer. Trotzdem konnte ich mein Gewicht halten. Mein Ehrgeiz ist nicht zu unterschätzen. Und als wir uns ein paar Monate später in New York trafen und sie mir bewundernd sagte, ich sei die Einzige, die das ohne ihr zweites Programm geschafft hätte, machte mich das richtig stolz.

Es hätte ewig so weitergehen können. Ging es aber nicht. Früher hätte ich gesagt, die Pille machte mir einen Strich durch diese Rechnung. Heute denke ich, es war meine Gesundheit. Zum Glück. Denn nachdem meine Frauenärztin mich immer wieder gemahnt hatte, ich müsse zunehmen, um meine Periode zu bekommen, meinte sie schließlich: »Glaub mir, ich verschreibe dir die Pille nicht gerne, aber du musst sie nehmen. Ein paar Monate macht es nichts aus, keine Periode zu haben. Aber das geht jetzt schon zu lange so. Ich möchte dich nicht mit vierzig im Rollstuhl sitzen haben. Das ist nicht lustig!«

Ich hatte schreckliche Angst vor der Pille, ich wollte nicht zunehmen. Doch dann sagte sie: »Du hast die Östrogenwerte einer Fünfzigjährigen kurz vor den Wechseljahren.«

Das hatte gesessen! Mitte Januar 2018 fing ich an, die Pille zu nehmen. Für mich. Für meine Gesundheit.

*Anne-Sophie bei der New York Fashion Week 2018,
The Plaza Hotel's Grand Ballroom*

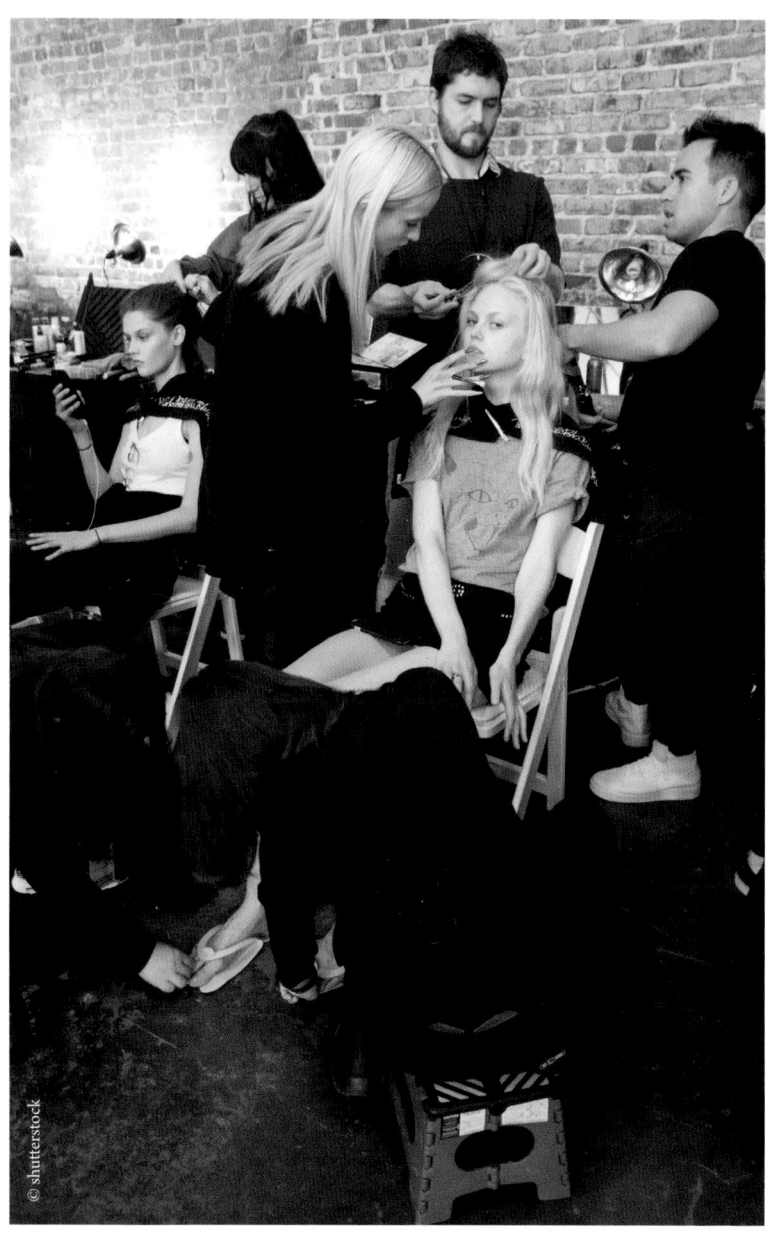

*New York Fashion Week, 11. September 2017:
Anne-Sophie bereitet sich backstage auf die Fashion Show der
Zadig & Voltaire Spring/Summer 2018 Collection vor*

New York Fashion Week, 11. September 2017: Anne-Sophie auf dem Laufsteg der Zadig & Voltaire Spring/Summer 2018 Collection

Anne-Sophie bei der Givenchy Fall/Winter 2014 Collection

Anne-Sophie und ihre Familie

Anne-Sophie und ihr Bruder Mathias 2018

Anne-Sophie mit ihrer Großmutter 2016

Polaroids Tokio 2010

Testshooting in Hamburg 2011

Anne-Sophie läuft für die Erdem Spring/Summer Collection 2011

Anne-Sophie bei einem Editorial für L'officiel 2016

Anne-Sophie läuft für Gaultier Couture Paris 2016

Der französische Modedesigner Jean-Paul Gaultier mit Anne-Sophie
beim Fashion Dinner zur Unterstützung der französischen
Aidsstiftung am 28.1.2018 im Pavillion d'Armenonville, Paris

Anne-Sophies Instagram-Post vom 17.10.2018, mit einem Hinweis auf ihren FAZ-Artikel

Editorial für S Moda for El Pais mit Kristian Schuller 2019, Ibiza

Brigitte-Editorial 26/2019

Das war der Zeitpunkt, an dem ich Erin bat, mir wieder zu helfen – aber moderat. Zuerst half sie mir bei meinem Sportprogramm, dann bei der Ernährung, um die Wassereinlagerungen, die die Pille verursachte, loszuwerden. Es dauerte ein paar Monate, dann kam meine Periode tatsächlich wieder. Ich merkte aber schnell, dass weder die Pille noch Erins Hilfe mir psychisch guttaten. Der Wunsch, selbstbestimmt zu sein und einen selbstbestimmten Körper zu haben, der nicht blutet, weil künstliche Hormone ihn dazu bringen, wurde immer größer. Erin reagierte verständnisvoll, als ich ihr das sagte.

Ab diesem Zeitpunkt versuchte ich zuzunehmen, um meinen Zyklus auf natürliche Weise zu regulieren. Es war nicht leicht. Die Stimmen in meinem Kopf, die sagten, ich würde so keine Chance mehr in der Branche haben, waren ständig präsent. Immer wieder hatte ich ein schlechtes Gewissen. Doch Erin war auch hier an und auf meiner Seite und sagte, ich würde es doch für meine Gesundheit tun.

Im März 2019 setzte ich die Pille ab. Zu diesem Zeitpunkt hatte meine Agentur gerade eine Beschwerde von einem Kunden bekommen, weil meine Hüfte 96 Zentimeter maß. Ich schrieb der Agentur, ich wolle so bleiben, weil meine Frauenärztin Hoffnung hatte, dass ich jetzt auch ohne Hormone meine Periode bekommen würde. Man sagte mir, mit 93,5 Zentimetern sei ich perfekt für den deutschen Markt, hier wolle keiner eine 88, so wie bei den Shows. Als ich schrieb, es sei ein gesundheitliches Risiko für meinen Körper, wenn ich jetzt wieder abnähme, war die Antwort, 90 Prozent der Kunden würden nun mal Größe 34 bedienen und da würde ich dann nicht mehr reinpassen. Es sei okay, mir müsse nur klar sein, dass mein Arbeitsvolumen dadurch zurückgehen würde.

Es war mir klar. Ich wollte es. Für mich.

Und heute?

Ich habe immer noch Probleme mit dem Essen. Ich bin zwar viel lockerer geworden, aber ich weiß jeden Tag, was ich gegessen habe. Meine Familie und Freunde wissen das und bereiten manchmal separates Essen für mich vor oder fragen mich extra, ob ich denn auch etwas von der Pasta essen würde. Ich sage ihnen dann, dass ich es versuche. Nach mehr als zehn Jahren des schlechten Gewissens, wenn man auch nur einen Bissen zu viel gegessen hatte, weil die Agenturen und die Branche einen mager haben wollen, ist das nicht leicht.

Wenn ich heute meine Abnehmtagebücher anschaue, habe ich ambivalente Gefühle: Einerseits beeindruckt es mich auf unheimliche Weise, wie ich es immer wieder schaffte, so dünn zu werden. Vor allem aber schäme ich mich für sie. Ich schämte mich auch damals, versteckte sie unter meiner Unterwäsche im Schrank und erzählte niemandem davon. Aber heute schäme ich mich, weil ich mich selbst darin so beschimpfte, kontrollierte und bestrafte, wenn es nicht klappte. Ich behalte sie als Mahnmal, weil ich den Schmerz, die Enttäuschung und die Verzweiflung von damals fühle, wenn ich sie lese. Ich spüre die Wut mir selbst gegenüber und die Angst davor, in die Agentur gehen zu müssen, wenn ich es nicht geschafft hatte.

Es erstaunt mich, wie oft ich schrieb, ich würde aufhören, wenn es nicht klappte, und wie lange es dauerte, bis ich es tatsächlich durchzog.

Es gibt heute noch Tage, an denen ich mich dick fühle. Ich weiß, dass es ein langer Weg dort hinaus ist. Ich versuche, mein Körpergefühl zu finden, mein Spiegelbild zu akzeptieren. Ich versuche zu lernen, dass Essen eine Bereicherung ist und keine Last. Manchmal sehe ich Fotos von früher und denke: Warum hast du das nicht gehalten? War doch schön, hast gearbeitet, warst erfolgreich. Das ist ja auch verständlich, weil ich genau dann, wenn ich dünn war, wahnsinnig viel Bestätigung aus meinem Arbeitsumfeld bekam und das natürlich auch meine Karriere beförderte.

In solchen Momenten versuche ich mir zu sagen, wie absurd es ist, einem Menschen, der völlig untergewichtig und ausgehungert ist, zu sagen, dass er schön ist. Die Aussage »Du wirst erfolgreicher, wenn du Gewicht verlierst« ist unfassbar zerstörerisch.

Ich versuche, in mich hineinzuhören und mir selbst die Frage zu beantworten, wie ich mich damals gefühlt habe und wie heute. Und Tatsache ist, dass meine Haut besser ist, ich meine Periode wieder bekomme und meine Fröhlichkeit, meine Energie und meine Lebenslust wieder da sind. Meine Persönlichkeit ist eine ganz andere, mein Strahlen ist ehrlich, mein Lachen kommt aus dem Bauch heraus. Ich stelle mich vor den Spiegel und sage mir, dass ich auch so schön aussehe, dass ich eine Frau bin, aber eben kein Haute-Couture-Model mehr. Ich freue mich, dass ich gesund bin und dass mein Körper die ganzen Strapazen, die ich ihm zugemutet habe, gut überstanden hat. Meine Seele braucht dafür noch eine Weile.

13. Mathias: Fels in der Brandung

Der Mensch, der mir in meiner Zeit als Model am nächsten stand, ist mein Bruder Mathias. Ohne ihn wäre ich nicht so stabil geblieben, wie ich es war. Er hielt mich am Boden, wenn ich drohte abzuheben, und half mir auf, wenn ich drohte unterzugehen. Er war mein größter Fan, Ratgeber und Unterstützer. Er war immer für mich da, auch nachts und am anderen Ende der Welt, egal wie es mir ging. Zu ihm hatte ich blindes Vertrauen. Mathias war mein Fels in der Brandung, ein unbezahlbarer Schatz, denn in dieser Branche sind vertrauensvolle Beziehungen wie vierblättrige Kleeblätter: Es gibt sie äußerst selten, fast nie.

Für uns als Familie war diese schillernde Modewelt komplett neu, Mathias aber kannte sich rasend schnell aus: Er schaute meine Shows an, die live übertragen wurden, wusste, welche Jobs ich hatte, und suchte nach den neuesten Bildern von mir. Er googelte nach den Fotografen, wenn ich einen Job bekam, und sagte mir, wer sie waren und mit wem sie schon geshootet hatten. Er glaubte an mich, egal, was geschehen würde.

Ich möchte wissen, wie er als mein engster Vertrauter und Familienmitglied mich, meine Entscheidungen, meinen Job und das Business rückblickend betrachtet.

Ich: »Mathias, wie hast du die Anfänge meiner Modelzeit erlebt?«

Mathias: »Ich war zwar selten zu Hause, weil ich in Leipzig wohnte, aber ich kann mich noch gut daran erinnern, wie du nach England gefahren bist und dort abnehmen wolltest, damit es mit dem Vertrag klappt. An die ganze Kommunikation mit deiner Agentur kann ich mich auch noch erinnern. Es ging bei dir irgendwann nur noch um die Agenten, die Booker und um Toni Garrn, mit der sie dich immer verglichen haben. Das war eine völlig faszinierende Welt, die sich da aufgetan hat. Alles wirkte so unschuldig. Die ganzen negativen Seiten waren mir damals nicht bewusst. Sie waren uns allen nicht bewusst. Natürlich kannte ich die Klischees von Models, die Drogen nehmen und Watte essen. Aber am Anfang deiner Karriere waren wir alle in der Familie einfach nur verführt von dem Glamour und dem Tempo, in dem alles ablief. Plötzlich warst du in Mailand, New York, London, Tokio, Paris. Und plötzlich waren da diese unglaublichen Fotos von dir.«

Ich: »Wer hat in deinen Augen den Glamour versprüht?«

Mathias: »Die Agentur. Sie haben immer Toni Garrn als Beispiel gebracht, wie erfolgreich sie sei, und dass du die Nächste seist.«

Ich: »Hast du das auch geglaubt?«

Mathias: »Ich habe immer gedacht, dass du jemand

bist, der alles schafft. Das glaube ich heute noch. Ich hab auch relativ früh daran geglaubt, dass du eine große und erfolgreiche Modelkarriere haben würdest. Hattest du ja auch, nur der ganz kleine Sprung in die absolute Supermodel-Liga stand noch aus. Du bist eine so starke Person, auf eine Art unerschütterlich. Nie habe ich gedacht, dass du dich selber in dem Beruf verlieren könntest, obwohl ich manche deiner Berichte von Agenturen oder Castings schon sehr krass fand. Ich glaube, ohne eine gewisse Rotzigkeit und ohne das Bewusstsein darüber, wie oberflächlich die Modewelt ist, hättest du es nie so lange ausgehalten.«

Ich: »Wie hast du deine Position in alldem gesehen?«

Mathias: »Ich bin irgendwann in so eine Große-Bruder-Rolle gewachsen. Das kam schleichend und irgendwie auch überraschend. Als ich ein Teenager war, hatten wir ja nicht so viel Kontakt, weil ich im Internat gewohnt habe. Als ich nach Berlin gezogen bin und wir plötzlich in derselben Stadt und irgendwann auch in derselben Wohnung waren, hat sich das geändert. Da haben wir uns gegenseitig gepusht, abzunehmen. Ich, weil es wirklich nötig war, du für den Job. Das war so eine zweite Welle bei dir, die auch noch mal zu richtig großen Jobs geführt hat. Da war ich dann fast eine Art Coach, oder dein Abnehm-Buddy. Im Nachhinein ist mir das unangenehm, ich wünschte eigentlich, dass ich kritischer gewesen wäre.«

Ich: »Inwiefern?«

Mathias: »Ich war zwar immer kritisch, aber irgendwie nicht kritisch genug, um zu merken dass es wirklich an die Substanz geht, Topmodel zu sein – mental und körperlich. Ich habe auf eine Art immer versucht, dich zu stützen, aber ich weiß nicht, ob es immer die richtige Art war.«

Ich: »Ich hab dich meistens dann angerufen, wenn es mir besonders gut ging oder besonders schlecht. War es schwierig für dich, damit umzugehen?«

Mathias: »Nein, ich habe mich eigentlich darüber gefreut, dass du mich als Vertrauten siehst.«

Ich: »Hast du dir irgendwann Sorgen um mich gemacht?«

Mathias: »Die allerersten leisen Zweifel kamen, als du von einem Agenten in New York erzählt hast, der meinte, du solltest eine Schönheits-OP machen lassen. Da haben wir erst noch drüber gestaunt und gedacht, der spinnt doch. Und auch noch drüber gelacht. Aber je länger du in dem Betrieb warst, umso häufiger kamen solche Geschichten, und umso mehr wurde mir auch klar, wie extrem oberflächlich dieses Business ist und wie wenig die Models eigentlich wirklich zählen – auch, wenn es paradoxerweise immer heißt, deine Persönlichkeit zählt.«

Ich: »Hattest du Angst, die Branche könnte mich verändern?«

Mathias: »Ja. Du bist ja ein extrem sozialer Mensch und hast ein unglaubliches Gespür für Menschen. Meine größte Sorge war immer, dass diese Fähigkeit durch dieses kaputte Business korrumpiert wird, dass du zu einem härteren, kälteren Menschen wirst. Eine andere Sorge war, dass du zu wenig geistige Nahrung bekommst, die intellektuell stimulierend und nicht nur oberflächlich ist, dass dir eine tiefere Sicht auf die Welt verwehrt wird. Aber irgendwie hast du es geschafft, dich nicht komplett von dieser Luxuswelt einlullen und verführen zu lassen, sondern bist total bodenständig geblieben. Wir haben ja oft darüber geredet, wie krass und absurd diese Welt eigentlich ist. Gleichzeitig faszinierend und lächerlich. Ich glaube, es war immer wichtig, dass wir uns auch lustig darüber machen konnten und alles nicht so ernst genommen haben. Auf eine Art glaube ich, dass das auch der Grund dafür ist, dass du die Supermodel-Liga nie erreicht hast, weil die Agenten und Casting-Direktoren riechen können, ob du deine Seele komplett an den Betrieb verkauft hast oder nicht. Ich glaube, die lassen einen erst dahin kommen, wenn du dafür alles aufgegeben hast, wenn du komplett gebrochen bist, wenn du genauso verkommen bist wie sie selbst. Groteskerweise ist der Preis am Ende ein Ruhm, den ich mir anonymisierend vorstelle: Du wirst zu einer Folie, zu einer totalen Oberfläche, in der jeder sich spiegeln kann. Dich selber hast du dann komplett verloren. Du sitzt dann nur noch im Flugzeug und versuchst, den Paparazzi zu entgehen, während du deinen nächsten Post für Instagram vorbereitest.«

Ich: »Deine Zweifel und deine Kritik sind in den letzten Jahren meiner Karriere immer lauter geworden.«

Mathias: »Es hat sich nach und nach so eingeschlichen. Da war ein Unbehagen. Als wir in Berlin zusammengewohnt haben, hattest du krasse Stimmungsschwankungen. Du bist entweder plötzlich zusammengebrochen oder warst high, fast wie auf Droge. Da ist mir klar geworden, dass das nicht gesund sein kann.«

Ich: »Was, glaubst du, waren die Ursachen dafür?«

Mathias: »Da war zum Beispiel diese Dauerbelastung durch die Castings und diese permanente Ungewissheit, ob du einen Job kriegst oder nicht. Die Entscheidungen wurden auch immer an deine Persönlichkeit gekoppelt: Es wurde dir das Gefühl gegeben, dass es etwas mit dir persönlich zu tun hat, was ja Quatsch ist. Als deine Trainerin Erin dazukam, habe ich irgendwann gemerkt, dass es zu krass wird. Das war wie Psychoterror. Unheimlich. Gleichzeitig war ich total fasziniert davon, dass ihr Programm so funktioniert. Ich kann mich an eine Nachricht von dir erinnern, in der stand: ›Deine Gesangslehrerin ist meine Erin.‹ Da dachte ich, nein, das stimmt nicht. Das, was meine Gesangslehrerin macht, könnte man ganz grob als Hilfe zur Selbsthilfe bezeichnen. Sie bringt mir Strategien bei, wie ich in Zukunft ein professioneller Sänger sein und mit den Herausforderungen fertigwerden kann. Wohingegen ich bei Erin das Gefühl hatte, dass hier eine Abhängigkeit geschaffen wurde. Das ist eigentlich das

Gegenteil. Das fand ich gruselig. Und irgendwann habe ich dir auch gesagt, du sollst mit ihr aufhören.«

Ich: »Hattest du das Gefühl, dass sich jemand in dem Business um mich kümmert, mir den Rücken stärkt?«

Mathias: »Es gab eigentlich nur eine Agentur, bei der ich das Gefühl hatte, dass sie dir den Rücken stärkt. Denen war es egal, ob deine Figur jetzt anderthalb Zentimeter mehr oder weniger war. Ansonsten haben die Agenturen dich eher gedrängt und waren in der Hinsicht nicht stützend, sondern eher verunsichernd. Wie einsam du am Anfang gewesen sein musst, als es ja noch nicht einmal Smartphones gab, konnte ich damals gar nicht richtig einschätzen, obwohl ich immer den Eindruck hatte, dass du sehr auf dich allein gestellt warst. Immerhin hattest du Modelfreundinnen, mit denen du dich austauschen konntest und die dich verstanden. Und wir, die Familie, waren ja auch da. Mit mir hast du, glaube ich, am offensten über deine Figur und Diäten geredet. Das war dir auch wichtig, oder?«

Ich: »Du warst mir am wichtigsten von allen.«

Mathias: »Ich mache mir jetzt ein bisschen Vorwürfe, dass ich früher hätte erkennen sollen, wie gefährlich das war. Ich habe das nicht ganz klar gesehen, weil ich selber übergewichtig war und gerne abnehmen wollte. Allerdings war das kein Vergleich. Du warst ja schon so dünn.«

Ich: »Wie habe ich mich in deinen Augen im Laufe der zehn Jahre, in denen ich gemodelt habe, verändert?«

Mathias: »Selbstbewusst warst du ja schon immer. Ich habe das Gefühl, du bist auf eine Art erwachsener geworden. Und ich habe das Gefühl, dass da eine Nüchternheit und eine Abgeklärtheit eingetreten sind, was den Beruf angeht. Das ist in den letzten Jahren immer mehr gewachsen. Es war am Ende nur noch ein Job, kein Traum mehr.«

Ich: »Hast du dir irgendwann gewünscht, dass ich ganz aufhöre?«

Mathias: »Ja, vor allem als Erin dein Leben bestimmte. Es war mir wichtig, dass du von ihr loskommst. Da dachte ich, es sei vielleicht gut, wenn du auch mit dem Modeln aufhörst. Es hat etwas Toxisches, wenn eine Bewertung immer auf dich persönlich zurückgeführt wird. Immer bist du schuld. Und wenn du für einen Job nicht gebucht wirst, dann liegt es daran, dass du den Vibe nicht bringst. Oder du zu dick bist. Oder deine Persönlichkeit nicht die richtige ist.«

Ich: »Das stimmt, bis man die Dinge nicht mehr persönlich nimmt, dauert es sehr lange. Was meine Entwicklung angeht, muss ich sagen, dass ich irgendwann meinen Mund nicht mehr gehalten habe, wenn sich jemand beim Casting unmenschlich verhalten hat, oder dass ich einfach gegangen bin. Ich hab mich gewehrt. Das wollte natürlich keiner. Die wollen, dass du mitspielst und alles mitmachst. Kennst du das aus deiner Branche, dem klassischen Gesang, auch?«

Mathias: »Natürlich gibt es da Parallelen mit Castings und Auditions. Allerdings glaube ich, dass man beim Gesang viel genauere Kriterien festlegen kann, die am Ende entscheiden, ob jemand weiterkommt oder einen Job kriegt. Sänger sind viel vergleichbarer, weil alle die gleichen Töne singen. Bei Models habe ich das Gefühl, dass am Ende doch mit sehr viel Willkür entschieden wird, wer da gecastet wird.«

Ich: »Ist der Umgang bei Gesangs-Auditions menschlicher?«

Mathias: »Ja, der Ton ist sehr viel offizieller. Aber sicherlich gibt es dort auch sehr viel Klüngel und Professoren, die manche ihrer Schüler bevorzugen.«

Ich: »Wo siehst du weitere Unterschiede?«

Mathias: »Es dauert als Sänger einfach viel länger, bis man zu dem Punkt kommt, überhaupt an einer Audition teilzunehmen. Man wächst eher rein und sammelt Erfahrungen. Als Model kannst du ja – wenn du die Figur hast, und das haben viele Teenager – von einem Tag auf den anderen auf den Laufsteg und wirst vollkommen in etwas hineingeworfen, von dem du überhaupt gar keine Ahnung hast.«

Ich: »Warum, glaubst du, habe ich so lange weitergemacht?«

Mathias: »Na ja, immer wenn du abgenommen hattest, kam ein großer Erfolg. Das ging dann so in Wellen: Hattest du gute Jobs, warst du zuversichtlich. Und kaum hattest du wieder etwas zugenommen, blieben die Jobs aus und du warst am Zweifeln. Und dann war da wirklich die ganze Zeit das Versprechen im Raum, dass du es noch weit schaffen wirst, dass du ganz kurz davor bist, wenn du jetzt noch dranbleibst. Da war immer der Gedanke: Dieser eine Job, der fehlt noch, dann bist du endgültig oben.«

Ich: »Was ist deine größte Kritik am Modelbusiness?«

Mathias: »Das ist eine sehr schwere Frage, weil das Thema so komplex und nur im Zusammenspiel aus Agenturen, Modefirmen und Werbekunden zu verstehen ist. Ich würde mir wünschen, dass Designer und Firmen erkennen, dass Schönheitsideale völlig irrational und erfunden sind. Bestimmte Größen sind nicht zwingend. Schönheit muss Grenzen haben, und für mich verläuft sie dort, wo die körperliche und mentale Integrität angegriffen wird. Es darf nicht schön sein, eine junge Frau zu bewundern, die seit Jahren ihre Periode nicht mehr bekommt, weil sie für den Laufsteg hungert. Ich würde mir wünschen, dass das eingesehen wird. Es ist aber scheinbar sehr schwierig, dagegen anzukommen und Agenturen, Designer und Werbekunden zum Umdenken zu bewegen. Gleichzeitig würde ich mir wünschen, dass Agenturen und Werbekunden die Models anders wertschätzen und sie als Menschen anerkennen. Momentan ist es ja so, dass die Models dankbar sein müssen, wenn sie von einem großen Designer gebucht werden. Dabei arbeiten sie ja für die Designer, geben denen also etwas!

Das ist paradox und zeigt die ganze Verlogenheit des Betriebs.«

Ich: »Was sollte sich ändern?«

Mathias: »Vor allem würde ich mir wünschen, dass ein anderes Körperideal kommt. Für Models konkret müssten andere Arbeitsbedingungen herrschen. Die haben überhaupt gar keine Rechte, weder was die Arbeitszeiten betrifft noch die Bezahlung. Es gab ja mal die Idee, Gewerkschaften zu gründen. Damit könnte ganz viel passieren. Das Problem dabei ist, dass sich am Ende immer wieder jemand findet, der nicht in der Gewerkschaft ist und den Job trotzdem macht, unter welchen Bedingungen auch immer. Gerade in dieser Branche ist es schwierig, weil jede und jeder irgendwie gerne mal fotografiert werden möchte. Vielleicht wären Gesetze ein Anfang, die besagen, dass keine minderjährigen Models mehr arbeiten dürfen. Das alleine würde schon viel ändern, weil Frauen, die älter sind, andere Körper haben und auch geistig reifer sind.«

Ich: »Was würdest du der siebzehnjährigen Anni heute raten?«

Mathias: »Mach, was dich erfüllt. Du hattest und hast so eine natürliche, unkomplizierte Art, weshalb du auch so erfolgreich warst. Vielleicht wäre es aber sinnvoller gewesen, das für etwas Erfüllenderes, Positiveres einzusetzen. Deine jetzige Arbeit im Kindergarten zum Beispiel ist das komplette Gegenteil, weil eine wechselseitige

Kommunikation stattfindet. In der Modewelt hatte ich das Gefühl, dass Models eigentlich die ganze Zeit nur gegen Wände rennen und dass es von undurchschaubaren Mechanismen abhängig ist, ob sich irgendwann mal eine Tür öffnet. Dagegen bekommt man bei sozialer Arbeit, in der man genauso viel gibt, wenn nicht noch mehr, auch viel mehr zurück. Durch die Wertschätzung der Kinder zum Beispiel. Deshalb würde ich der siebzehnjährigen Anni heute raten, vielleicht eher in diese Richtung zu gehen. Ansonsten finde ich, hast du deinen Modeljob wirklich gut gemacht. Du hast dich nie verbiegen lassen. Ich glaube, dass man da ganz großen psychischen Schaden nehmen kann, abgesehen vom körperlichen.«

Ich: »Was sollten andere junge Frauen wissen, die unbedingt Model werden wollen?«

Mathias: »Dass die Art der ständigen Bewertung ihres Äußeren nicht gesund ist und sehr wehtut. Dass sie ihrem Körper schaden durch das krankhafte Dünnsein. Dass schlimme Erlebnisse in der Branche keine Ausnahme sind. Seien es superanstrengende Fotoshootings, bei denen man stundenlang friert oder schwitzt und nichts zu essen bekommt. Oder Agenten, die einen wie Mist behandeln. Oder irgendwelche ekligen Fotografen, die einem an die Wäsche wollen oder zu Bildern drängen, die man hinterher bereut. Sie sollten auch wissen, dass sie austauschbar sind. Egal, wie viele Agenten und Kunden ihnen erzählen, wie toll sie sind und was für eine tolle Personality sie haben. Darauf kommt es nicht an. Worauf es ankommt, weiß am Ende niemand, weil der Betrieb irrational funktioniert. Heute ist blond in, morgen brünett, um es platt zu formulieren. Kein Model hat tatsächlich das gewisse Etwas – nur ein Werbekunde hat entschieden, dass sie es hat, und vielleicht irgendwelche Medien, die auf den Zug aufspringen. Und morgen ist es eine andere. Diese Erkenntnis ist brutal.«

Ich: »Was sollten die Familien dieser Frauen wissen?«

Mathias: »Genauso wie es die Models selber wissen sollten: dass ihr Kind in der Modewelt nichts Besonderes ist – auch wenn ihnen das alle sagen. Gleichzeitig sollten sie aufmerksam sein und darauf achten, ob das Model wirklich glücklich ist. Und damit meine ich, ob das Glück nicht nur daher rührt, in diesem einen Moment den richtigen Job zum richtigen Zeitpunkt bekommen zu haben. Am Ende ist es kein erfülltes Leben, nur im Flugzeug, in anonymen Hotelzimmern oder siffigen Modelapartments am Telefon zu sitzen und auf die nächste Option zu warten.«

14. Payday: Über Geld spricht man nicht

Models verdienen Millionen: Das ist der vielleicht größte Mythos der Branche. Und gleichzeitig der lächerlichste. Denn die Wahrheit ist: Die meisten Models kommen gerade so über die Runden, ein paar verdienen wirklich gutes Geld und eine verschwindend geringe Zahl von Frauen verdient Millionen. Und es ist, wie Wolfgang Joop sagt: Karrieren enden oft, bevor sie anfangen, Spaß zu machen und Geld abzuwerfen.

Ich selber gehörte die meiste Zeit zu den Frauen, die gutes Geld verdienten. Eine Garantie hatte ich jedoch nie. Jeder Tag, jede Woche, jeder Monat war wie ein Lotteriespiel. Wie viel am Ende auf meinem Konto sein würde? Keine Ahnung. Es gibt keine Standardsätze bei Models. Mal wirst du gut bezahlt, mal schlecht, mal mit Klamotten, mal nur mit Prestige, sprich: mit heißer Luft, aus der sich unter Umständen bezahlte Jobs ergeben. Mal wurde von der Agentur viel von meinem verdienten Geld abgezogen, mal wenig, immer aber mindestens 25 Prozent. Dazu später mehr.

Es war unmöglich, meine Finanzen auch nur ansatzweise vorauszusagen. Während ich in einem Monat einige gut bezahlte Aufträge hatte, konnte es sein, dass ich im nächsten Monat gar keinen hatte. Dazu kam, dass ich nie wusste, wann ich bezahlt würde. Im besten Fall hatte ich zwei Wochen nach getaner Arbeit das Geld auf dem Konto. Im schlechtesten Fall wartete ich mal zwei Jahre. Es kann auch sein, dass ein Kunde gar nicht bezahlt, weil er pleite ist. Wenn du dann nichts beiseitegelegt hast, hast du ein Problem.

Das Geld, auf das ich damals zwei Jahre lang warten musste, hatte ich bei einer Show in Berlin verdient. Ich hatte ein Fitting unmittelbar vor der Show gehabt und war direkt gebucht worden. Alles ging sehr schnell. Das Kleid, das ich tragen sollte, war zu kurz und passte weder hinten noch vorne, oben oder unten. Mit Nadeln versuchten die Schneider, es direkt an mir zuzunähen. Das Kleid drückte, die Nadeln piksten, dann kam das Go. Ich musste auf den Laufsteg. Nach drei Schritten rutschte mir das Oberteil runter und ich stand halb nackt vor dem Publikum. Mitleidige Blicke. Ich zog das Kleid schnell hoch, hielt es fest und lief weiter, so gut es ging.

Als ich wieder backstage war, entschuldigte ich mich bei dem Designer, denn obwohl ich an alldem keine Schuld hatte, fühlte ich mich verantwortlich und in der Pflicht. Warum? Weil das die unausgesprochene Hierarchie so vorsah: Er war der Designer, ich nur das Model. Er schaute mich wütend an, sagte kein Wort, drehte sich um und lief weg. Es dauerte zwei Jahre, bis ich mein Geld für die Show bekam. Den Grund dafür kenne ich nicht. Es hieß, der Designer sei pleite, aber ich wusste von anderen Models, die bei derselben Show gelaufen waren, dass sie ihr Geld bekommen hatten. Es waren nur ein paar Hundert Euro, doch es war mein Einkommen, ich hatte dafür gearbeitet und musste davon leben.

Fashion Weeks

Knapp wurde das Geld auch immer zu Zeiten der großen Fashion Weeks. Die Fashion Weeks sind das Schlimmste, das du als Model deiner seelischen Verfassung, deiner körperlichen Gesundheit und deinem Konto antun kannst. Leider können sie immer noch das Beste für deine Karriere sein. Sechs Wochen bist du ununterbrochen unterwegs in New York, Mailand, London, Paris, hast kaum Schlaf, bist den ganzen Tag auf den Beinen, wirst angeschaut, bewertet, rumgereicht, angefasst, kannst jederzeit angerufen werden, auch um 5 Uhr morgens. Du musst ununterbrochen funktionieren – einmal habe ich nach dem ganzen Fashion-Week-Circle 18 Stunden am Stück geschlafen, weil ich so fertig war. Aber: Wenn du es bei den Shows schaffst, ist das für dich die beste Werbefläche. Sie erhöhen deinen Marktwert, du bekommst mehr Jobs, mehr Geld, vielleicht ein Editorial, eine große Kampagne. Das ist die Währung, die sich irgendjemand irgendwann mal ausgedacht hat: Shows sind die Priorität. Dort werden Gesichter entdeckt. Sie können dich in den Himmel katapultieren. Deshalb zieht es alle dorthin.

Dass die meisten Frauen am Ende ohne Jobs und ohne verdientes Geld, nein, oft sogar verschuldet nach Hause fahren, ist etwas, über das nicht geredet wird. Keiner tut das. Warum? Weil man über Geld nicht spricht. Zumindest ist das so in der Modebranche. Geld hat man – oder man tut zumindest so. Niemand gibt zu, knapp bei Kasse zu sein oder gar pleite. Erfolg wird am Einkommen gemessen. Und in einer Branche, die nach außen strahlt und glänzt, in der Glamour und Schönheit zählen, möchte keiner mit jemandem zusammenarbeiten, der keinen Erfolg hat. Also spielen alle mit und tun so, als sei alles fein.

Als ich das erste Mal in New York war, bekam ich von meiner dortigen Agentur 80 Dollar Pocketmoney in der Woche. Davon brauchte ich 30 Dollar für die MetroCard, der Rest ging für Nonfat-Joghurt, Haferflocken, Kaugummis, Äpfel und Müsliriegel drauf. Wenn das Geld aufgebraucht war, musste ich in der Agentur nach mehr Geld fragen oder mir irgendwo welches leihen.

Doch obwohl ich mit dem Geld auskam – meine Eltern hatten mir zusätzlich 140 Dollar pro Woche in Travellerschecks mitgegeben –, war ich nach diesem ersten New-York-Aufenthalt bei meiner dortigen Agentur mit 15.000 Dollar im Minus. Die Miete für das Modelapartment, die Flüge, der Fahrer, die Kosten für die Showpackage-Sedcards – es hatte sich einiges angehäuft. Selbst für die

80 Dollar Taschengeld wurde von der Agentur eine Leihgebühr verlangt, doch das machte den kleinsten Teil der Abrechnung, des sogenannten Statements, aus.

Als ich die Summe schwarz auf weiß sah, bekam ich einen Schock. 15.000 Dollar! Das war unfassbar viel Geld. Ich hätte monatelang ununterbrochen im Funpark – dem Job, den ich als Schülerin gemacht hatte – arbeiten müssen, um so viel Geld zu verdienen. Panik stieg in mir auf und ich rief meine Eltern an, die es selbst nicht fassen konnten. »Du hast doch so viel gearbeitet«, sagte meine Mutter. Ich wusste nicht, was ich darauf antworten sollte. Es stimmte, ich hatte unheimlich viel gearbeitet, doch wenn man für eine Show nur ein paar Hundert Dollar bekommt oder auch nur ein Kleidungsstück vom Designer, dann häufen sich 15.000 Dollar an Ausgaben schnell an.

Mein New Yorker Agent beruhigte mich, sagte, das Geld sei bei meinem nächsten Aufenthalt in der Stadt bestimmt schnell wieder drin. Und so war es auch: Ich hatte einen Fußabdruck in New York hinterlassen, und als ich das nächste Mal dort war, glich ich meine Schulden sehr schnell wieder aus.

Man muss den Agenturen zugutehalten, dass sie letztlich das finanzielle Risiko tragen. Wäre ich nach meinem ersten Mal nie wieder nach New York gekommen, hätte ich die 15.000 Euro nicht zurückzahlen müssen. Dann hätte es die Agentur als Verlust abgeschrieben. Doch ich stand ja ganz am Anfang meiner Karriere, war gut gebucht gewesen und hatte tolles Feedback bekommen. Ich wollte unbedingt zurück nach New York. Das bedeutete bei der Rückkehr, dass ich meine Schulden erst einmal abarbeiten musste, um anschließend richtig Geld zu verdienen.

Der psychische Druck, den das auslöst, ist nicht zu unterschätzen. Kein Geld und obendrein noch Schulden zu haben, macht verwund-, verführbar und schutzlos, vor allem im Ausland, wo dich kein soziales Netz auffängt, wenn du fällst, wo du die Sprache nicht oder nur schlecht sprichst und du von den jeweiligen Gesetzen und Verträgen oft keine Ahnung hast.

Promoter I

Diese Schutzlosigkeit und Verführbarkeit spielt vielen in die Hände, beispielsweise Promotern, die im besten Fall nur Geld verdienen wollen. Im schlechtesten Fall bist du ihnen hilflos ausgeliefert.

Promoter betreiben ein Business innerhalb des Business. Normalerweise werden sie von Restaurants oder Clubs engagiert, um ihre Locations mit schönen Frauen zu füllen. Manchmal ist es auch so, dass irgendein berühmter Schauspieler oder Sänger nur unter der Voraussetzung in ein bestimmtes Restaurant kommt, dass dort zehn Models am Tisch auf ihn warten. Das ist aber eher die Ausnahme. Normalerweise stehen Promoter bei Castings und fangen Models für Clubnights ab: »Hey, Lust auf eine Party?«

Mich erinnerte das immer ein bisschen an die Promoter, die in Fußgängerzonen stehen und die Menschen dazu bringen sollen, Geld für Tiere oder den Umweltschutz zu spenden. Der Deal bei den Model-Promotern ist folgender: Die Clubs können sich mit schönen Frauen schmücken, die Restaurants bekommen prominente Gäste, mit denen wiederum sie sich schmücken können, die Models bekommen kostenlos Getränke, Essen und können feiern, manchmal werden sie auch mit einer Limousine abgeholt – und die Promoter verdienen durch diese Vermittlung Geld. Richtig viel Geld.

Das kann riesigen Spaß machen, keine Frage. Bei mir war das 2010 in Tokio der Fall oder auch schon vorher, 2009 in New York: Ich kannte Promoter zwar schon aus Mailand, doch in New York wollte ich mich aufs Modeln konzentrieren und blockte sie zunächst alle ab. Meine Mitbewohnerinnen Cici und Melissa taten das nicht. Sie hatten Eric kennengelernt, einen Promoter, der nie vor irgendwelchen Castings warten und Models abfangen musste, weil ihn sowieso alle kannten. Er hatte Zutritt zu den besten Partys und Clubs der Stadt. Models riefen ihn an, nicht umgekehrt.

Eines Abends überredete mich Cici, mit Eric in einen Club zu gehen. Wir drängelten uns um den kleinen Badezimmerspiegel, tuschten uns die Wimpern und machten unsere Haare. »Das wird lustig«, sagte Cici. Sie wusste, wie man feiert, sie ging ständig aus. Und auf einmal freute ich mich mit jeder Minute mehr, dass sie mich mitnahm.

Eric holte uns mit einem Cabriolet ab. Wir fuhren durch die Straßen von New York mit Wind im Haar und lauter Musik. Vor dem *Avenue*, einem Club zwischen Chelsea und Meatpack District, hielten wir an. Auf der Straße sah ich eine endlose Schlange: Männer in Anzügen, Frauen in knappen Kleidern und hohen Schuhen. Und ich? Stand da in Tanktop, Jeans und Sneakern. In Gedanken war ich schon wieder auf dem Weg nach Hause. Niemals würden die mich so reinlassen. Doch Eric lief an der Schlange vorbei zum Türsteher, der nur nickte, als er ihn sah, und eine einladende Geste machte. Cici zwinkerte mir zu.

Wir wurden zu einem Tisch geführt, auf dem ein paar Flaschen Wodka und Säfte zum Mischen standen. Ab und zu kam was zu essen. Andere Models kamen und gingen. Die meisten aßen nur schnell etwas und waren dann wieder weg. Cici und ich aber tranken Wodka mit Cranberry-Saft, aßen Shrimps und tanzten im ganzen Club, obwohl wir in der Nähe des Tisches bleiben sollten. Es war ein Moment, in dem der ganze Druck weg war, in dem das Leben Spaß machte. Ich war in einem der angesagtesten Clubs der Stadt, konnte trinken und essen, so viel ich wollte, konnte tanzen und feiern.

Ja, das ist es!

Als wir nach Hause fuhren, wieder im Cabrio, wieder mit Wind im Haar und lauter Musik, lief das Lied *New York* von Alica Keys. Bis heute ist es für Cici und mich eine Erinnerung an Freude, Freiheit, Hoffnung – und irgendwie auch an unschuldige junge Mädchen mit großen Träumen.

Auf den ersten Blick scheinen die Arrangements von Promotern eine Win-Win-Situation zu sein. Doch sind sie das wirklich?

»Does the celebrated display of female beauty and sexuality empower or exploit women?«, fragt Ashley Mears, Soziologin und ehemals Model, in ihrem Text *Who Runs the Girls?*, den sie 2014 für die *New York Times* schrieb. Der Text handelt von ihren eigenen und den Erfahrungen anderer Frauen mit Promotern. Wurden wir er- oder entmächtigt? Wurden wir ausgebeutet oder beuteten wir aus? War es nicht einfach nur der Tausch: Anwesenheit gegen kostenloses Essen?

Mears schreibt in ihrem Text weiter: »… there's no such thing as a free lunch. Gifts are given with expectations of reciprocity. Friendships mask what would otherwise look ugly: the exchange of women's bodies for money.« Etwas wie ein kostenloses Mittagessen gibt es nicht. Es wird erwartet, dass Geschenke auf Gegenseitigkeit beruhen. Das Freundschaftliche dieser Beziehungen tarnt, was ansonsten sehr hässlich aussehen würde: den Austausch von Frauenkörpern gegen Geld.

Und so überraschen die Kehrseiten des Promoter-Business kaum. Sie lauten: Abhängigkeit, sexuelle Übergriffe, übermäßiger Alkoholkonsum und Drogen. Auf (sexuelle) Übergriffe werde ich in Kapitel 16 *(Macht und Ohnmacht)* noch näher eingehen.

In eine Abhängigkeit begeben sich Frauen spätestens dann, wenn sie mehr als nur eine Nacht im Club gegen etwas zu essen und zu trinken eintauschen. Wenn sie beispielsweise in den Wohnungen von Promotern wohnen und sich von ihnen ihren Lebensunterhalt bezahlen lassen. In einer Stadt wie New York, in der das Leben irrsinnig teuer ist und sie – zumindest wenn sie neu im Geschäft sind – erst einmal keinen Cent verdienen, ist es kein Wunder, dass Models sich auf so etwas einlassen. Selbst wenn ein Promoter nichts von ihnen verlangt, begeben sich die Frauen damit in eine Beziehung, in der sie sich ihm verpflichtet fühlen.

Viele Agenturen warnen ihre Models zwar vor Promotern. Doch in dem Moment, in dem ein Schlafplatz in einem Fünfbettzimmer 1500 Dollar im Monat kostet, in dem du nicht weißt, wie du dein nächstes Mittagessen zahlen sollst, und wenn du noch dazu aus wirtschaftlich schlechten Verhältnissen kommst, vielleicht sogar von dir erwartet wird, dass du mit deinem Modeljob eine Familie ernährst, bist du anfällig für jene Verführung, die Promoter dir bieten. Was ist erstrebenswerter: ein winziges Zimmer mit vier anderen Frauen zu teilen und dafür Tausende von Dollar zu zahlen oder kostenlos ein eigenes Zimmer in einem luxuriösen Penthouse zu haben? Was würde man eher wählen: einen Apfel zum Abendessen oder Delikatessen und Champagner, so weit das Auge reicht?

Den Promotern ist es egal, ob dieser Gegensatz etwas mit deiner Psyche macht, wie alt du bist oder ob du durch permanenten Schlafmangel und Alkoholkonsum – oft auch Drogenkonsum – deinem Körper schadest. Wer sich auf den Deal einlässt, bei Promotern zu wohnen, der besucht tagsüber Castings ohne Ende und verpflichtet sich, drei bis vier Mal pro Woche von 22 Uhr bis mindestens 3 Uhr »Spaß« zu haben. Viele dieser Frauen essen dann den ganzen Tag nichts und freuen sich auf den Alkohol als Belohnung. Ich kenne viele Kolleginnen, die davon abhängig geworden sind. Die meisten gestanden es sich selbst nicht ein. Oder verbuchten es unter: part of the job.

Natürlich kann man dagegen einwenden, dass die meisten Frauen vordergründig zu nichts gezwungen werden. Doch in Anbetracht des Mangels an Alternativen und des Gefühls der Abhängigkeit machen viele bei diesem Tauschgeschäft mit.

Das Spiel mit Träumen. Verführung. Blendung.
Wer ist dagegen schon immun?

Agenturen und Provisionen

Finanzen sind jedoch nicht erst ein Problem, wenn man von Promotern abhängig ist. Sie sind es vom ersten Moment des Modellebens an: Viele sind so vernarrt in die Vorstellung, von einer Agentur unter Vertrag genommen zu werden, dass sie alles unterschreiben, ohne vorher durchgelesen – und auch verstanden – zu haben, was darin steht. Stattdessen sollen sie vor allem dankbar sein.

Diese Dankbarkeit, die uns von Anfang an abverlangt wird, zieht sich wie ein roter Faden durch das gesamte Modelleben. Das ist es, was uns als Erstes beigebracht wird: Sei dankbar, dass wir dich als Model unter Vertrag nehmen, sei dankbar, dass dich XY shootet, sei dankbar, dass du für Z laufen darfst, sei dankbar, dass du das Gesicht der XYZ-Kampagne bist. Sei dankbar und halte deinen Mund!

Das führt dazu, dass kaum etwas hinterfragt wird. Warum ist es üblich und wird von allen hingenommen, dass Models in Deutschland in der Regel 25 Prozent Servicepauschale pro Job an die Agentur bezahlen? Warum bekommen Agenturen obendrein vom Kunden 20 Prozent Provision der Modelgage? Wo ist die Verhältnismäßigkeit? Und wie kann es sein, dass Agenturen mit Großkunden Zusatzvereinbarungen treffen, die besagen, dass zusätzlich noch mal zehn Prozent der Gage vom Model an die Agentur bezahlt werden muss?

Warum muss man seiner Agentur pauschal fünf Prozent an Gebühren bezahlen, wenn sie einem einen Vorschuss überweist, selbst wenn es nur für ein paar Tage ist? Warum muss man immer und immer wieder bei seiner Agentur anrufen und nachfragen, ob dieses und jenes Geld schon eingegangen sei? Warum fragt man nicht nach, wenn man eine E-Mail bekommt, die besagt: »Du bist gebucht, hier sind die Details« – in der jedoch nirgends steht, wie viel man bezahlt bekommt?

Davon abgesehen, dass man den Vertrag zwischen Kunden und Agentur niemals zu Gesicht bekommt! Wie kann es sein, dass du für vier Tage gebucht wirst, der Kunde aber am zweiten Tag entscheidet, dass er dich jetzt doch nicht mehr möchte, dies ohne dein Wissen mit der Agentur bespricht – und du bist raus? Einfach so. Mit nichts als der Gage für zwei Tage in der Tasche.

Warum habe ich mitgemacht, wenn Jobs schlecht oder gar nicht bezahlt waren, mir aber vermittelt wurde, es sei gut für meine Karriere? Wenn ich beispielsweise für Editorials von großen Zeitschriften gebucht wurde, hieß es immer, ich müsse das machen, es sei wichtig für mein Portfolio. Und tatsächlich, je voller, aktueller und prestigelastiger mein Portfolio war, desto mehr Jobs bekam ich und desto mehr Geld konnte die Agentur als Gage für mich verlangen. Doch manchmal erhielt ich auch nur 100 Euro dafür, dass ich um 8 Uhr anfing, acht bis zwölf Motive in ganz unterschiedlichen Looks von mir geschossen wurden, bei denen ständig Haare, Make-up und Outfit verändert wurden, und ich oft erst um 22 Uhr fertig war. Pausen gab es nur kurze oder gar keine, das Budget fürs Catering war knapp: belegte Brötchen oder Pizza, preiswert und schnell zu essen – aber nichts für mich, die ich ständig mit meinem Gewicht kämpfte. Von den 100 Euro musste ich zwar nicht die Anfahrt und das Hotel bezahlen, doch die Agenturpauschale wurde davon abgezogen und Steuern natürlich auch.

Der Preis des Modelns

Ähnlich lief es, wenn ich für sogenannte Looks gebucht wurde, was ich am Anfang in New York sehr oft machte. Da hieß es: »Die zahlen nichts, aber dafür wirst du vielleicht für die Show gebucht.« Looks werden immer vor einer Show zusammengestellt. Meist gibt es 20 oder 30 Models pro Show, meist trägt jede von ihnen zwei Looks. Insgesamt müssen vor der Show also 40 bis 60 Looks zusammengestellt werden: Welche Hose passt zu welchem Top, welcher Handtasche, welchen Schuhen und welchem Schmuck? Du musst dich stundenlang immer wieder anziehen, ausziehen, auf und ab laufen, es wird an dir gezupft, gezogen und genäht. Die Designer sind nervös, weil die Show am nächsten Tag stattfinden wird, es muss schnell gehen, aber gut werden.

Für Looks werden meistens Frauen gebucht, die ganz neu im Business sind: kein Geld, viel Arbeit und die Hoffnung auf eine Show, die wiederum auch schlecht bezahlt ist. Das kann man nur mit Frauen machen, die noch träumen.

So ging es auch mir. Ich habe vieles gemacht, weil ich dachte, es brächte mich eine oder gar zwei Stufen höher auf der Leiter. Ich vertraute auf die Erfahrung und das Wort meiner Agenten, die sagten, sie würden meine offene, natürliche, unkomplizierte, ehrliche Art mögen, sie würden an mich glauben, ich hätte so viel Potenzial, ich könne es ganz weit bringen. Viele gaben mir das Gefühl, etwas ganz Besonderes zu sein (vor allem, wenn ich die richtigen Maße hatte). Das alles schmeichelte mir und machte mir immer und immer wieder Hoffnung, es tatsächlich eines Tages ganz nach oben zu schaffen. Und klar: Ich hatte eine tolle Karriere mit guten Jobs, von denen andere Models tatsächlich träumen. Da war immer Licht, aber eben auch ganz viel Schatten.

Die Zusammenarbeit mit den Agenturen war immer ambivalent: auf der einen Seite familiär und freundschaftlich. Auf der anderen Seite war es das, was es ist: ein knallhartes Business. Ich spreche hier nicht von den Servicegebühren, die ich abgeben musste, denn die sind an und für sich nicht das Problem. Eine Agentur muss ja irgendwie Geld verdienen. Die Booker und Agenten besorgen schließlich die Jobs, haben Erfahrung und Kontakte, wissen im besten Fall, wer mit wem kann, wer ein guter Kunde ist und wer ein guter Fotograf. Sie verhandeln die Konditionen eines Jobs, die Gage, koordinieren Termine, organisieren Auslandsaufenthalte, drucken Sedcards und machen vieles mehr. Dafür bekommen sie Geld und das ist völlig richtig und in Ordnung.

Kritisch wird es, wenn die Agentur mehr als die 25 Prozent Servicepauschale einbehält und im Namen des Models Ausgaben tätigt, ohne dies explizit abgesprochen zu haben, vor allem auch, was die Höhe der Ausgabe angeht.

Wenn ein Booker mit dir eine halbe Stunde in Secondhandläden shoppen geht, damit du den richtigen Look für Castings hast, und anschließend 300 Euro auf deiner Abrechnung stehen für 30 Minuten Beratung und einen Rock, eine Bluse und eine Jeansjacke – alles gebraucht –, dann ist das schlicht überzogen.

Wenn du in einem Modelapartment mit neun anderen Frauen lebst, dir mit vier von ihnen das Zimmer teilst und dafür 1500 Dollar im Monat zahlen musst, dann ist das schlicht Wucher – selbst in einer teuren Stadt wie New York.

Wenn dir als Model vorgeschlagen wird, einen Fahrer zu engagieren, der dich vom Flughafen ins Hotel bringt, dir aber nicht gesagt wird, dass dich das 200 Euro kostet, dann ist das schlicht unlauter.

Genauso, wenn die Agentur vorschlägt, »komm, wir machen einen Masterplan für dich, neue Fotos und ein kleines Imagevideo« und dafür am Ende 500 Euro auf der Abrechnung stehen, obwohl nie die Rede davon war, dass es überhaupt etwas kosten würde.

Wenn du deinen Bookern Weihnachtsgeschenke machen musst, weil es alle machen und es zu den Gepflogenheiten gehört; wenn du irgendwann anfängst, ihnen Geld zu schenken – mehr Geld, als du für Weihnachtsgeschenke für deine Familie ausgibst –, weil sie Duftkerzen nicht mehr sehen können; wenn du mitbekommst, dass andere Models ihnen iPads schenken, weil sie hoffen, so in der Gunst der Booker zu steigen; wenn du mitbekommst, dass selbst diejenigen Models, die kaum etwas verdienen, sich gezwungen sehen, diese Geschenke zu machen, dann ist da schlicht eine gewaltige Schieflage vorhanden.

Auf der einen Seite waren es die Agenturen, die mir meine Karriere ermöglicht haben, und dafür bin ich dankbar. Auf der anderen Seite fühlte ich mich gezwungen, mitzuspielen und immer »easy« zu sein, die Dinge nicht zu hinterfragen, sondern alles so zu nehmen, wie sie es für mich arrangiert hatten. Auch die Abrechnungen. Das habe schon alles seine Richtigkeit, hieß es oft.

Mit der Unterschrift, die wir Models am Anfang unter die Agenturverträge setzen, erlauben wir es ihnen, Verträge mit Kunden für uns zu unterschreiben und Ausgaben für uns zu tätigen. Zwar scheint es immer so, als seien die Ausgaben in unserem Sinne, oft aber sind sie unnötig, überzogen, überteuert und nicht nachvollziehbar. Transparenz gibt es nur, wenn man sie einfordert – dann aber riskiert man, als schwierig und entsprechend schwer vermittelbar zu gelten. Es ist ein Teufelskreis. Am Ende bekommt man eine Abrechnung mit Dutzenden von Posten vorgesetzt – Testaufnahmen, Lauftraining, Transport, Promo-Video, Showpackage, Sedcards, Compcards, Verwaltungsgebühren, sonstige Verwaltungsgebühren, weitere Verwaltungsgebühren, Website, Kurierfahrten, Kopiergeld, Flüge, Apartment und vieles mehr –, die man kaum überprüfen kann, weil die Dinge, die darauf stehen, oft Monate zurückliegen. Zuerst denkst du, das sei alles normal, weil es dir als normal verkauft wird. Du denkst, das alles sei der Preis, den du bezahlen musst, um Model zu sein. Allein diese Denkweise ist falsch. Modeln ist kein Traum. Es ist ein Beruf. Und wie in jedem Beruf musst du Geld verdienen.

Ich arbeitete immer auf eigenes Risiko, so wie jeder Selbstständige auch. Wenn ich Urlaub machte oder krank war, verdiente ich kein Geld, wobei ich es mir eigentlich nicht erlauben konnte, krank zu sein.

Ich erinnere mich an eine Situation 2012, als ich gerade in New York in einer Zweier-WG lebte. Meine Mitbewohnerin Isabelle und ich mochten uns sehr und verbrachten viel Zeit miteinander. Eines Abends, wir schauten gerade *Sex and the City*, sah ich auf einmal einen schwarzen Punkt. »Siehst du das auch?«, fragte ich.

»Was denn?«

»Da. Das sieht aus wie eine Fliege.«

»Nein. Da ist nichts.«

Der Punkt war auch am nächsten Morgen noch da und ging nicht mehr weg. Ich sah ihn permanent. Er flog in meinem Sichtfeld ständig hin und her – wie eine Fliege, die auf der Suche nach einem Ausgang wild durchs Zimmer fliegt.

Da bald Ostern war und ich ohnehin einen Flug nach Deutschland gebucht hatte, machte meine Mutter einen Termin beim Augenarzt aus. Als ich dort war, sagte er: »Das kann nicht sein. Du bist Jahrgang 91. Du hattest keinen Sturz? Hast keinen Ball oder irgendetwas heftig ins Auge bekommen?«

Ich schüttelte den Kopf. Die Diagnose: Netzhautablösung des rechten Auges. Die Makula war schon mit angerissen. Der Arzt schickte mich direkt nach Kiel in die Uniklinik, jetzt zählte jeder Moment, um meine Sehkraft zu retten.

Auf dem Weg nach Kiel rief ich in der Agentur an, weil ich am nächsten Tag für einen gut bezahlten Job nach Frankreich sollte bei einem Kunden, für den ich vorher noch nie gearbeitet hatte. Ich erklärte, wie ernst die Situation war. Die Reaktion: ob ich die Operation nicht doch verschieben könne? Es sei echt wichtig und könne zu vielen Folgejobs führen. Meine Mutter rastete am Steuer fast aus, als sie mitbekam, was die Agentur da sagte.

Was war in so einem Moment wichtiger? Die Beziehung zum Kunden oder das Wohlergehen des Models? Ich verstehe, dass eine Agentur wirtschaftlich arbeiten muss und ihren Mitarbeitern gegenüber eine finanzielle Verantwortung hat, und dass sie mitbedenken muss, mit welchen Kunden sie es sich dadurch möglicherweise verscherzt. Doch ich hatte oft das Gefühl, dass Agenturen bei Differenzen oder Problemen eher im Sinne des Kunden schlichten oder entscheiden.

Mein rechtes Auge wurde zwei Mal operiert und ich fiel fast ein halbes Jahr aus. Aber: Ich kann nach wie vor sehen. Zum Glück.

Ich erinnere mich auch an einen anderen Job, den ich 2013 in New York machen sollte. Ich lebte zu dieser Zeit nicht mehr dort, sondern in Berlin, flog also extra für drei Tage hin. Der Job war gut bezahlt, nur für die Unterkunft sollte ich selbst sorgen, weshalb ich Isabelle anrief.

Der Flug ging morgens, doch die Nacht davor hatte ich kein Auge zugetan. Ich hatte unglaubliche Schmerzen im Unterleib. Ich teilte meiner Agentur telefonisch mit, wie schlecht es mir ginge. Die Antwort: Sie könnten jetzt nicht absagen, weil in New York noch alle schliefen. Auch müsste ich im Falle einer Absage eine hohe Gebühr bezahlen, weil ich den Job nicht angetreten hätte. Außerdem würde mich der Kunde danach bestimmt nicht wieder buchen.

Auf das Geld, das ich in New York verdienen sollte, hätte ich zur Not und meiner Gesundheit zuliebe verzichtet, aber eine Strafe und meinen Ruf wollte und konnte ich nicht riskieren – zumal meine Agentur in diesem Moment ja nicht hinter mir stand. Ich riss mich deshalb zusammen und stieg in den Flieger.

Kaum bei Isabelle angekommen, brach ich zusammen, lag auf dem Boden und krümmte mich vor Schmerzen. Sie sagte: »Du brauchst einen Arzt. Sofort.« Also fuhr ich in ein Krankenhaus in Brooklyn, in dem es nach Fäkalien roch und in dem die Toiletten voller Blut, Windeln und Binden waren.

Als ich an der Reihe war, musste ich ein Nachthemd aus Papier anziehen und mich auf ein Bett legen, neben dem rechts und links Vorhänge zugezogen wurden. Es war ein riesiger Raum, fast ein Lager, in dem unzählige Patienten hinter Vorhängen darauf warteten, behandelt zu werden. Mir wurde Blut abgenommen und ich musste wieder warten. Schließlich kam ein Arzt, der eine Blasenentzündung diagnostizierte, mir ein Antibiotikum verschrieb und mich an einen Tropf hängte. Spätabends durfte ich nach Hause. Am nächsten Tag musste ich im Studio sein.

Ich wachte mit weniger Schmerzen als am Vortag auf, war aber unglaublich müde und schwach auf den Beinen.

Die Infusion und die Medizin hatten meinen Körper aufgebläht.

Funktionieren! Anni, du musst jetzt funktionieren.

Ich fuhr zum Kunden, schlüpfte in meine Rolle und lächelte über alles hinweg.

Der Preis, den man für all das zahlt, ist hoch. So hoch, dass ich manchmal überlege, wie die Frage lauten muss: »Was verdient man als Model?« oder eher: »Was kostet es, Model zu sein?«

15. Jacob Mohr: »Change has to come from above!«

Was kostet es, Model zu sein? Darüber rede ich auch mit Jacob Mohr, den ich seit den Anfängen meiner Karriere kenne, als er noch Booker war. Heute arbeitet er als Art Buyer und Projektmanager in Stockholm.

Wenn Jacob über die Modewelt spricht, geht er mit allen hart ins Gericht – auch mit sich selbst: »Heute fass ich mir an den Kopf, wie sehr ich Dinge als normal hingenommen habe, zum Beispiel, wie mit euch umgegangen wurde. Wenn ein Model reinkam und der Old-School-Booker sie anfuhr: ›Don't look into my eyes when you're talking to me.‹ Das haben wir alle gefeiert, dachten, geiler Typ.« Während Jacob das erzählt, klatscht er in die Hände, als habe er dem Booker damals genauso applaudiert. Gleichzeitig schüttelt er den Kopf. »Oder wenn irgendein Agent sauer war, weil ein Model zu spät zu einem Casting gekommen war. Später in der Agentur gab es dann erst mal einen Einlauf von ihm: ›Listen, Fuckface…‹«

Ich kenne diese Sprüche. Ich weiß, wie erniedrigend sie sich anfühlen.

»Man muss sich das mal vorstellen«, sagt Jacob, »ich habe ja auch kleine Schwestern, und trotzdem habe ich da mitgemacht, denn in dem Moment, in dem du in die Agentur reingehst, wird alles über Bord geworfen.« Jacob lacht. Es ist kein fröhliches Lachen. Es klingt zynisch, als könne er das selbst nicht glauben.

Wo damals Bewunderung war, ist heute Unverständnis: »Das ist wie am Flughafen, wo es Pizza und Bier zum Frühstück gibt, weil dort die normalen Regeln der Gesellschaft nicht gelten. Die Tür geht auf und du bist in einer anderen Welt. Das ist unfassbar gruselig. Das sind ganz normale, smarte Leute, die in den Agenturen arbeiten, aber spätestens nach einem halben Jahr dreht sich das bei den meisten komplett. Da passieren Dinge, bei denen man sich als Außenstehender nur an den Kopf fassen kann.«

»Wie kannst du dir das erklären?«, frage ich.

»Man macht einfach mit, weil es um einen herum passiert. Weil es normal zu sein scheint. Das ist wie Leute, die in einem Umfeld aufwachsen, in dem nationalistische, populistische Ideen verbreitet werden.«

»Du meinst, weil sie irgendwann selbst denken, es sei legitim, Menschen zu kategorisieren und sie entsprechend zu verachten?«

»Ja. Und das ist in allen Bereichen des Lebens so: Wir werden geprägt durch unser Umfeld. Wenn alle auf den Boden spucken und sagen, das sei normal, dann ist es normal. Wenn aber einer auf den Boden spuckt und alle schauen ihn deshalb komisch an, dann hört er irgendwann damit auf. Außerdem ist ein unfassbarer Druck da, zu delivern. Es heißt ja auch Model*business*. Es ist ein Business. Man verliert sehr schnell den Blick dafür, dass dort mit ganz normalen Menschen gearbeitet wird. Das ist ähnlich wie im Leistungssport, wo der Sportler funktionieren muss. Wenn er sich verletzt, dann ist er da raus, dann wird er ersetzt. Es ist fürchterlich. Wirklich. Ganz, ganz fürchterlich.«

Jacob erzählt von der Serie *Last Chance U*, einer Dokumentation über Football-Spieler, die bei Netflix lief. Er meint, viele Szenen, die dort gezeigt werden, könne man so oder so ähnlich auch auf die Modelszene übertragen. In dieser Serie geht es um ein College mitten im Nirgendwo der USA. Die Schüler leben in Trailern, kommen aus armen Verhältnissen, sind ungebildet, aber unglaubliche Athleten. Das Einzige, was sie können, ist rennen und springen. Und das ist das, was im Football zählt. Die Alternative ist, ihr Leben an der Straßenecke zu verbringen, mit Crack zu dealen und früher oder später erschossen zu werden. Zwei Möglichkeiten. Mehr nicht.

»Und in diesem College, das als Talentschmiede gilt, machen sie ihre Körper kaputt«, sagt Jacob. »Selbst wenn sie eine Gehirnerschütterung haben, gehen sie aufs Feld. Sie wissen: Wenn sie beim nächsten Spiel nicht aufgestellt werden, werden sie nicht gescoutet und kommen nicht weiter. Dann geht's zurück an die Straßenecke.«

Die Ähnlichkeiten zum Modelbusiness erklärt Jacob so: »Da sind diese Mädchen aus irgendwelchen kleinen

Dörfern irgendwo auf dieser Welt. Die kommen aus dem Nichts, haben nichts und machen alles.« Er erinnert sich an eine Modenschau, bei der einem Mädchen mitten auf dem Laufsteg ein Strahler auf den Kopf fiel: »Sie schüttelte sich einmal, torkelte dann weiter bis zum Ende und fiel um.« Dort lag sie und sollte ins Krankenhaus gebracht werden, doch sie wollte nicht. Und zwar partout nicht. Sie sagte, sie hätte noch ein Outfit, das sie jetzt laufen müsse. »Und warum?«, fragt Jacob. »Sie hatte richtig Schiss, dass das das Ende ihrer Karriere war. ›You can't make the club in the tub.‹«

Das Letztere ist ein altes Football-Sprichwort – oder vielmehr eine Warnung. Es bedeutet, dass der Spieler nicht ins Team kommt, wenn er verletzt in der Wanne liegt. Genauso wenig kannst du als Model erfolgreich sein, wenn du im Krankenhaus liegst, dachte meine verletzte Kollegin auf dem Laufsteg wohl. Natürlich lief sie nicht mehr und wurde versorgt. Und zum Glück war nichts Schlimmes passiert.

Ich frage Jacob, ob es irgendwann einen Zeitpunkt gab, an dem er anfing, das Business zu hinterfragen.

»Ja, den gab es. Danach habe ich ziemlich schnell aufgehört, als Booker zu arbeiten, bin nach Schweden gezogen und habe als Art Buyer angefangen.«

Art Buyer sind Menschen, die im Austausch mit den Kreativen, sprich den Kreativ-Direktoren oder Art-Direktoren, passende Teams für Fotoshootings zusammenstellen. Sie suchen Fotografen, Stylisten und Haare & Makeup aus. Manchmal auch die Models, doch das ist eher die Aufgabe der Casting-Direktoren.

Jacob hatte sich Schweden nicht ausgesucht, um das Gegenteil von dem zu erleben, was er aus Deutschland, Großbritannien oder Frankreich kannte, aber er merkte schnell, dass die Arbeitsatmosphäre dort eine ganz andere war: »Ich bin damit am Anfang auch ganz schön gegen die Wand gerannt, weil ich dort mit meiner Aggro-Agentur-Mentalität ankam. Nach ein paar Monaten kam meine Chefin zu mir und meinte: ›Wir sitzen hier in einem Großraumbüro, Jacob. Du musst aufhören, ins Telefon zu schreien.‹« Für ihn war das alles erst ungewohnt, dann eine Offenbarung: »Hier ist es anders, weil die Schweden sehr weit vorne sind, wenn es um mentale und körperliche Gesundheit geht und darum, wie Menschen miteinander umgehen. Hier waren alle einfach unfassbar nett bei den Castings und auf den Shoots.«

»Alle waren nett? Ohne Ausnahme?«, frage ich.

»Natürlich gab es auch Fotografen, die meinten, sie seien zu toll, um freundlich zu jemandem zu sein. Die sind damit aber nicht durchgekommen. Denen wurde dann gesagt, sorry, wir finden auch jemanden anderen, der das genauso gut macht und menschlich dabei ist. Die Atmosphäre, die ich vor Schweden kannte, war eher wie bei *Der Teufel trägt Prada*.«

Der Teufel trägt Prada ist ein Film, in dem die Chefredakteurin einer großen Modezeitschrift ihren Mitarbeitern und vor allem ihrer Assistentin das Leben zur Hölle macht. Es geht in dem Film um Eitelkeiten, Intrigen, Karrierekämpfe, Neid und Manipulation in der Modewelt.

»Was ich bis heute nicht verstehe«, erzählt Jacob weiter, »ist, wie viele ehemalige Praktikanten und Assistenten, die heute auf hohen Posten sitzen, es genauso machen, wie es mit ihnen gemacht worden ist. Sie waren auch mal in der Position, in der sie runtergemacht und angeschrien worden sind und in der ihnen gesagt wurde, sie taugten zu nichts, und zwar, ohne einen Cent zu verdienen. Und sobald sie auf dem richtigen Posten sitzen, gilt das Motto: Now it's my time! Das verstehe ich nicht. Jetzt haben sie die Chance, anders zu sein. Warum machen sie es nicht? Das ist niederschmetternd und hinterlässt einen hilflos, weil es so schwer ist, dagegen anzukommen.«

»Wie erklärst du dir das?«

»Alle glauben, dass es so sein muss und dass es cool ist. Dann gibt es natürlich auch nur ganz wenige Positionen, in denen man wirklich Geld verdient, in denen man wirklich etwas zu sagen hat. Der Rest ist größtenteils eine Armee von austauschbaren Azubis.«

Es gibt unzählige Episoden, die zeigen, wozu das führen kann. Eine davon: Jacob war in Paris. Er sollte zusammen mit seinem Auftraggeber, einem jungen Designer, der gerade einen Nachwuchspreis gewonnen hatte, eine Show casten. Das Casting fand in einem kleinen Boutique-Hotel statt. Jacob, der Designer und eine sehr bekannte Stylistin saßen in einem winzigen Raum im ersten Stock und schauten sich ein Model nach dem anderen an. In der Lobby, die Treppe hinauf, im Gang: Überall standen und saßen Mädchen, die auf ihren Moment warteten.

Das Casting lief gut, bis zu dem Zeitpunkt, als ein junges Mädchen hereinkam und wie alle anderen ein paar Schritte vor- und wieder zurücklief. Jacob sagte *Danke*. Das Model lächelte.

Doch dann passierte etwas, das Jacob fassungslos machte: »Das Mädchen war noch nicht einmal aus dem Raum gegangen, da machte die Stylistin den ersten Witz darüber, was sie für komische Ohren gehabt hätte und dass das Mädchen ja fürchterlich gewesen sei.« Das allein war genauso respektlos wie unnötig. Doch weil die Tür offen stand, hörte nicht nur das Model selbst diese Sätze, sondern auch alle anderen, die vor der Tür warteten. Jacob sah nicht, wie das Model reagierte. Sie muss sich furchtbar gefühlt haben.

»Und jeder Mensch, der einen Funken Empathie in sich trägt, hätte das genauso empfunden«, sagt Jacob. Über die Worte der Stylistin geriet Jacob in einen Streit mit ihr und dem Designer. »Ich musste den beiden erst mal begreiflich machen, wie jung die Mädchen waren und dass sie zehn bis zwölf Castings am Tag hatten. Davon abgesehen waren alle Mädchen wirklich sehr hübsch. Überleg mal, die Models bewerben sich ein Dutzend Mal am Tag, kriegen fast jedes Mal ein Nein, werden obendrein beleidigt und sollen es dann bitte schön nicht persönlich nehmen. Die Stylistin hätte ja sagen können, das Mädchen passe nicht zur Kollektion. Aber zu sagen, das Mädchen sei hässlich, das geht einfach nicht. Das sind Teenager! Das ist die Zeit, in der du so dermaßen durcheinander bist, weil dein Hormonhaushalt permanent Neujahr feiert. Du bist so unsicher und wirst dann noch mehr verunsichert. Die Mädchen werden ja behandelt, als seien sie ganz normale ausgewachsene Menschen, die genug Zeit hatten, einen Charakter, Barrieren und Selbstschutzmechanismen zu entwickeln. Haben sie aber nicht. Sie verstehen noch nicht, dass nicht jeder negative Kommentar das Ende der Welt ist.«

Der Streit zwischen den dreien eskalierte nicht, doch Jacob arbeitete nie wieder mit einem der beiden zusammen, »weil sie mir natürlich keinen Job mehr gegeben haben. Aber es hat sich in diesem Moment richtig angefühlt, den Mund aufzumachen«.

Das ist immer das Risiko: Sagst du etwas, besteht die Gefahr, nie wieder gebucht zu werden. In einer Welt voller Freiberufler gibt es keine Garantie, kein Netz, das einen auffängt, keinen Kündigungsschutz. Alle kämpfen nicht nur um einen Platz ganz oben, sie kämpfen um ihr Dasein. Das kann Menschen brutal werden lassen.

Jacob sagt: »Ich kenne Leute, die sagen, es sei okay, so über Mädchen zu reden, weil es das Fashionbusiness ist. Warum? Nein! Das ist nicht okay! Da ist bei den Leuten ein Mindset drin, das kriegst du nicht geknackt.«

Besonders schlimm sind solche Äußerungen, wenn sie etwas betreffen, an dem ein Model etwas verändern kann: ihre Maße. Mit komischen Ohren oder einer schiefen Nase wird man geboren. Sie sind letztlich auch Geschmackssache. Welche Maße du für die Shows in New York, London, Mailand und Paris brauchst, ist jedoch festgelegt. Wer Tag für Tag damit kämpft, diese Maße zu halten oder zu bekommen, und dann mit »Na, Dickerchen« begrüßt wird, den trifft das besonders hart: alles gegeben, trotzdem versagt.

Dabei versteht kaum einer, warum diese Maße erforderlich sind. »Seit ein, zwei Jahren ist es sogar wieder schlimmer geworden«, meint Jacob. »Ich habe da einige sehr, sehr magere Mädchen auf den Laufstegen gesehen.«

Viel hängt mit den Designern zusammen, die sagen, es gehe darum, dass die Klamotte richtig fällt, dass man die richtigen Silhouetten bekommt, die sie sich wünschen. Ein Kleid soll sich zwischen Kleiderbügel und Model möglichst nicht verändern.

»Aber mal ehrlich: ernsthaft?«, fragt Jacob. »Man könnte das alles problemlos auch in größeren Kleidergrößen präsentieren. Es ist ja auch völlig bizarr, weil irgendjemand das Kleid später trotzdem kaufen und anziehen wird. Und die meisten Frauen, die das tun, haben nicht die Maße eines Models.«

Jacob ist sich sicher, dass sich alle schnell daran gewöhnen würden, wenn Mode in größeren Größen präsentiert werden würde. »Die Leute vergessen schnell – besonders in der Mode.« Es müsse nur einen geben, der damit anfängt, denn im Moment beißt sich die Katze in den Schwanz: Die Musterentwürfe, sogenannte Samples, sind bei Shootings oft nur in einer, maximal zwei Größen vorhanden, weil die Models so dünn sind. Gleichzeitig müssen Models so dünn sein, damit sie in die Samples passen.

Es hätte einen weiteren Vorteil, Mode nicht mehr in Kindergrößen zu präsentieren: Es würden weniger Minderjährige gebucht werden, die häufig die Einzigen sind, die von Natur aus die erforderlichen Maße haben.

Was dadurch allerdings nicht verhindert werden kann, ist die Tatsache, dass der Markt ständig auf der Suche nach etwas Neuem ist und man als Model nie sicher sein kann, ob du morgen nicht out bist: »Da ist diese unheimliche Gier, immer das neue Gesicht, das neue Model zu finden«, sagt Jacob.

»Aber ist der Mensch nicht ein Gewohnheitstier?«, antworte ich. »Warum wird immer nach neuen Models verlangt? Wollen die Menschen nicht lieber ein vertrautes Gesicht sehen?«

»Ja, aber das sind die Endkonsumenten. Ich spreche hier von der Modebranche. Das sagt das Wort ja schon an sich: Mode ist etwas Temporäres, etwas, das sich verändert. Natürlich brauchst du auch Super- oder Topmodels, die eine ganze Zeit lang angesagt sind und verehrt werden. Man braucht Königinnen und man braucht Fußvolk, das sich immer auswechselt. Und manchmal fällt oben eine raus und dann kann eine von unten nachrücken. Darauf warten sie alle.«

Junge Models werden also gebucht, weil sie etwas Neues, Frisches haben und weil es jungen Mädchen leichter fällt, das kindliche Gewicht zu halten. Doch irgendwann geht es nicht mehr von alleine, dann entwickelt sich das Leben zum Kampf gegen sich selbst.

»Ich erinnere mich an viele Mädchen, die gerade aus Paris vom Fashion-Circle kamen und die ganze Showsaison mitgemacht hatten«, sagt Jacob. »Nach Paris sind die Mädchen immer extrem dünn und wirken extrem erschöpft. Irre! Dunkle Ringe unter den Augen, das kann man sich kaum vorstellen. Kein Wunder. Wo soll der Körper denn noch irgendetwas hernehmen? Er versucht ja gleichzeitig, noch zu wachsen und zur Frau zu werden. Wie soll das gehen, wenn ihm keine Energie gegeben wird?«

Der Körper wächst, zumindest will er wachsen. Und wir Models verbieten es ihm.

Als Resultat kann das Hungern neben einem knabenhaften Körper zu einer Fülle von Folgeerscheinungen führen: Haarausfall, dünne und trockene Haut, ein schwaches Immunsystem, Karies, Depressionen, Herzrhythmus- und Empfindungsstörungen, das Ausbleiben der Periode bis hin zur Unfähigkeit, jemals Kinder zu bekommen, wie schon in Kapitel 11 *(Erfolgshunger)* beschrieben. Das ist der Preis, den Mädchen und Frauen kennen sollten, wenn sie sich dazu entscheiden, diesen Weg zu gehen.

»Und da ist noch etwas, das Mädchen, die mit dem Modeln anfangen wollen, wissen sollten«, sagt Jacob. »Es geht ums Geld. Oft wird es zurückgehalten oder nur in Teilen ausgezahlt. Es ist ein bisschen wie vor fünfzig Jahren: Der Mann, hier die Agentur, sitzt auf dem Geld und die Frau, hier das Model, muss für alles um Erlaubnis bitten.«

»Warum, glaubst du, ist das so?«

»Die Intention dahinter ist Kontrolle. Wenn Models das Geld, das sie verdient haben, tatsächlich auch ausgezahlt bekommen, dann haben sie es in der Tasche. Wenn du Geld in der Tasche hast, bist du freier. In dem Augenblick, in dem du selber für dich sorgen kannst, triffst du Entscheidungen zu deinem eigenen besten Wohl.«

»Was meinst du damit genau?«

»Du kannst die Stadt wechseln, die Wohnung, den Partner und letztlich auch die Agentur. Grundsätzlich geht es ja nur darum, deinen Unterhalt zu bestreiten und

Miete, Essen und eine Krankenversicherung bezahlen zu können. Aber selbst das können viele Models nicht, obwohl sie arbeiten. Agenturen wollen Geld machen – und sie wollen Macht haben.«

»Glaubst du, dass die Agenturen ihren Models helfen würden, wenn sie ihnen von Demütigung oder Missbrauch berichten würden?«

»Die meisten Models tun das ja nicht. Das Wissen, dass es schlechte Menschen in diesem Business gibt, ist da. Aber man denkt immer, das würde nur bei den anderen Agenturen passieren. Man verdrängt es. Ich selbst habe viele Jahre keinen Gedanken daran verschwendet. Und damit war ich nicht allein. Wir haben uns alle einfach keine Gedanken gemacht. Es hat Jahre gedauert, bis ich überhaupt mal daran gedacht habe, dass die Models auf Shootings gehen, auf denen sie eventuell belästigt werden. Und zwar Mädchen wie Jungs.«

Vieles realisierte Jacob erst, als er schon längst nicht mehr als Booker arbeitete. Geschichten wie diese: Er wollte ein junges, noch minderjähriges Model buchen. Ihre russische Agentin sagte ihm, sie könne den Job nicht machen, weil sie gerade für einen Trip auf einer Jacht in Griechenland sei. Jacob sagte, alles klar, und legte auf.

»Im ersten Moment dachte ich, wow, cool, die haben aber ein tolles Leben, sind eine Woche auf einer Jacht.« Jahre später fiel es ihm wie Schuppen von den Augen: »Das war eine kleine russische Agentur, die ihre Mädchen zu irgendwelchen Millionären oder Milliardären auf die Jacht schickt, um mit denen zu feiern. Und das Tragische ist, dass die Mädchen nicht darüber sprechen, was dort passiert.«

»Aus deiner Sicht: Warum machen sie das nicht?«

»Weil sie Angst haben, dann keine Jobs mehr zu bekommen. Zu mir ist wirklich nie jemand gekommen und hat etwas gesagt, was natürlich kein Zeichen dafür ist, dass nie etwas passiert ist. Eher ein Zeichen dafür, dass die Angst zu groß war, es zu sagen. Das Verrückte und damit auch das Schwierige ist aber, dass sich die Mädchen zwar beschweren können, es aber immer noch genügend Mädchen gibt, die dann nachrücken und den ganzen Zirkus kommentarlos mitmachen.«

»Man muss dazu auch den Hintergrund vieler Models kennen«, antworte ich. »Viele sind nicht behütet aufgewachsen, haben eine gute Ausbildung und sind sozial abgesichert. Da sind viele dabei, die nichts haben und ganze Familien durch ihren Job ernähren müssen.«

»Ich fühle mich da richtig hilflos«, stimmt Jacob mir zu. »Es nützt ja nichts, wenn alle Models sagen, es sei schlimm, aber die Leute in den entscheidenden Positionen nichts ändern. Change has to come from above!«

Wenn also nicht mal die Agenturen wirklich hinter ihren Models stehen und sich schützend um ihre Belange kümmern, wer dann? Und wie kann man das Miteinander besser machen? Wenn es in Schweden funktioniert, dass man freundlich, gesittet und respektvoll miteinander umgeht, warum dann nicht auch im Rest der Welt?

Ich frage Jacob nach seinem eigenen Einfluss: »Was tust du konkret?«

»Als Agent habe ich mir immer Mühe gegeben, nett zu den Mädchen zu sein. Gerade zu den jungen, die neu nach Deutschland gekommen waren. Damals gab es noch keine Smartphones und eine unkomplizierte Kommunikation nach Hause war kaum möglich. Diese fünfzehnjährigen Mädchen, die ganz allein durch die Welt reisen, keinen Cent in der Tasche haben, die Sprache nicht sprechen und völlig auf sich selbst gestellt sind. Dann kommen sie in die Agentur und werden da noch zusammengefaltet, in einer ständigen Atmosphäre der Angst. Das wollte ich nicht. Da waren ja viele ständig pleite, trauten sich aber nicht mal, nach fünfzig Dollar Taschengeld oder Vorschuss zu fragen, damit sie sich überhaupt etwas zu essen oder eine U-Bahn-Karte kaufen können.«

»Und heute?«, frage ich.

»Mein Vorteil war und ist, dass ich nie ein richtiges Fashion Victim war. Es gibt ja viele Leute, die nahezu religiös an diese ganze Geschichte des Modelbusiness glauben. Aber seien wir ehrlich, wir retten damit nicht die Welt. Dadurch habe ich immer einen gewissen, vor allem emotionalen Abstand gewahrt. Worauf ich konkret Einfluss habe, ist, dass ich bei den Shows und bei den Castings gewisse Regeln aufstelle, was die Umgangsformen angeht. Zum Beispiel wird jeder, der am Set arbeitet, vorgestellt, damit alle voneinander wissen, wer sie sind. Bei mir wird auch kein Mensch aus einem Casting rausgehen und sich schlechter fühlen als vorher. Wozu auch?«

Aber was, wenn Jacob einer von wenigen bleibt, denen die Umgangsformen wichtig sind? Wo sind weitere Stellschrauben? Wer hat die Macht, etwas zu ändern?

Letztlich sind es diejenigen, die Mode verkaufen wollen, insbesondere die großen Modehäuser wie LVMH Moët Hennessy – Louis Vuitton SE, Kering, Inditex und H&M. Sie müssten streng kontrollieren, wie mit Models und allen anderen Menschen im Modebusiness umgegangen wird, dass sie gesund bleiben und vor allem, dass sie pünktlich und in voller Höhe bezahlt werden.

»Das könnte so aussehen«, sagt Jacob, »dass acht Wochen nach einem Job eine Bestätigung bei ihnen eingehen muss, dass das Model bezahlt worden ist, und auch, wie viel ausbezahlt worden ist. Ansonsten wird mit der Agentur einfach nicht mehr gearbeitet. Die Großen müssen Reglementierungen verabschieden und Druck aufbauen. Und Druck baut man am besten über Geld auf.«

Jacob sieht noch an anderer Stelle eine Chance: im Wandel des gesellschaftlichen Denkens. »Ich glaube, die jungen Menschen machen sich mehr Gedanken, was um sie herum passiert. Sie machen sich mehr Gedanken um Politik, um die Natur und auch das Miteinander.«

Die Fotografen und Stylisten hier in Schweden hätten dieses Statusdenken nicht, das es in anderen Ländern gibt. »Die interessieren sich nicht für eine Flasche Veuve Clicquot. Die möchten an einem See sitzen mit einem Craft Beer in der Hand und sich freuen, dass ihre Füße im Wasser baumeln. Die haben ein Gerechtigkeitsdenken, möchten Spaß haben und netzwerken. That's it.«

»Wenn du das Business heute betrachtest«, frage ich, »ist Modeln ein Traumberuf?«

»Für ganz wenige. Du musst sehr viel Glück haben und den richtigen Charakter, damit du da gut und unbeschadet durchkommst. Der Schaden, mit dem die meisten Mädchen nach ein paar Jahren aus dem Business kommen, ist irre. Man sieht es an ihren Augen, was da an Unschuld und Optimismus verschwunden ist. Die sind teilweise so erwachsen und abgezockt mit Anfang zwanzig, dass man sich nur wundert. Aber das passiert ja nicht von ungefähr. Das ist ähnlich wie bei Schauspielern in Hollywood. Ein Traumberuf? Mit Sicherheit nicht. Natürlich hast du die Möglichkeit, tolle Dinge zu erleben. Du kannst reisen, viel von der Welt sehen, triffst wirklich tolle, kreative Leute. Aber ich sag immer, das kann man auch machen, wenn man einen anderen Beruf hat, nur ohne dieses Abhängigkeitsverhältnis.«

Ich werde diesen gedanklichen Zwiespalt nicht los: Einerseits weiß man, dass man mit anderen Menschen nicht so umgeht, vor allem nicht mit jungen Mädchen, deren Psyche und Körper nicht ausgewachsen sind. Und trotzdem macht man es. Einerseits weiß man, dass die Mode, die auf dem Laufsteg präsentiert wird, später in den wenigsten Fällen von so dünnen Frauen getragen wird. Und trotzdem macht man es. Einerseits weiß man, dass sexuelle Belästigung strafbar ist, und trotzdem toleriert man sie: nicht aktiv, aber Ignoranz und Wegschauen machen einen zum Komplizen und Mittäter – nicht immer, aber viel zu oft. Warum?

»Es gibt etwas, über das ich unheimlich viel nachgedacht habe«, sagt Jacob zum Schluss. »Du hattest mir bei unserem letzten Telefonat erzählt, dass du jetzt übergangsweise in einem Kindergarten arbeitest. Du sagtest, es sei so schön, es mache so viel Spaß und die Kinder seien so gut drauf. Und dann sagtest du: ›Und denen ist es völlig egal, wie viel ich wiege.‹« Jacob macht eine Pause. »Anne-Sophie, wer sagt so etwas über den Umgang mit Kindern? Welchem Menschen macht es Spaß, mit Kindern zusammen zu sein, weil es ihnen – anders als Erwachsenen – egal ist, wie viel man wiegt? Das ist so krass, wie tief das alles immer noch in deinem Denken verankert ist.«

16. Macht und Ohnmacht

Triggerwarnung: In diesem und im folgenden Kapitel werden (psychische) Gewalt und sexuelle Übergriffe thematisiert und teilweise geschildert.

> »I see a 16-year-old now, and to ask her to take her clothes off would feel really weird. But they were like, if you don't do it, then we're not going to book you again. So I'd lock myself in the toilet and cry and then come out and do it. I never felt very comfortable about it. [...] I had a nervous breakdown when I was 17 or 18, when I had to go and work with Marky Mark and Herb Ritts. It didn't feel like me at all. I felt really bad straddling this buff guy. I didn't like it. I couldn't get out of bed for two weeks. I thought I was going to die. [...] It was just anxiety. Nobody takes care of you mentally. There's a massive pressure to do what you have to do. I was really little, and I was going to work with Steven Meisel. It was just really weird – a stretch limo coming to pick you up from work. I didn't like it. But it was work, and I had to do it.«

Diese Sätze stammen von Kate Moss aus einem Interview, das sie 2012 der Zeitschrift *Vanity Fair* gab. Kate Moss wurde, das ist bekannt, später ein Supermodel – und sie ist es heute noch.

Niemand kann mit Sicherheit sagen, ob sie so erfolgreich wurde, weil sie sich damals entschieden hatte, den Job über ihre Ängste zu stellen. Sicher aber ist, dass viele Models ähnliche Geschichten erzählen können. Und genau wie Kate Moss wird es jungen Models auch heute noch vermittelt: Spiel mit, sonst bist du raus!

Das Schlimme ist, es funktioniert. Die meisten machen mit. Ausbeutung und (Macht-)Missbrauch – der natürlich nicht erst bei sexuellen Übergriffen anfängt, sondern auch schon bei Herabwürdigungen, der Missachtung von klar geäußerten Grenzen, ungefragten und unangemessenen Berührungen oder anstößigen Äußerungen – sind in dieser Branche weit verbreitet. Und sie können überall passieren: in der Agentur, beim Casting, beim Shooting, beim Abendessen.

Nun kann man dagegenhalten, dass es Machtmissbrauch überall auf der Welt, in allen Lebensbereichen und in unterschiedlichsten Ausformungen gibt. Im Modelbusiness ist er nur besonders ausgeprägt. Warum?

Die Gründe dafür liegen in der ungleichen Verteilung von Macht und Erfahrung der einzelnen Akteure. Je stärker ein Arbeitsverhältnis von einer solchen Differenz geprägt ist, desto anfälliger ist es für Grenzüberschreitungen und Missbrauch. Im Modelbusiness treffen Kinder auf Erwachsene, Unerfahrene auf Erfahrene, Träumende auf Abgezockte. Und oftmals trifft Sehnsucht auf leere Versprechen.

Druck von oben

Ja, viele Profis sind genau das, was das Wort besagt: professionell. Doch das Modebusiness verführt geradezu, schwarzen Schafen Raum zu bieten, denn hier werden diese extrem hierarchischen Strukturen nicht nur geduldet, sie werden kultiviert. Wer Macht hat, wird gefeiert. Die Plätze im Olymp des Modebusiness sind so rar, dass auf dem Weg dorthin jede Möglichkeit genutzt wird, die eigene Macht zu demonstrieren, um weiterzukommen. Nach oben wird geschleimt, nach unten getreten. Wer schließlich oben angekommen ist, versucht krampfhaft, dort zu bleiben. Wie das geht: indem man beispielsweise allen anderen zeigt, dass sie kleiner und weniger wert sind als man selbst.

Wie oft habe ich erlebt, dass ich am Set einfach nicht beachtet wurde, dass über mich gesprochen wurde, als sei ich nicht anwesend oder hätte keine Ohren.

Wie oft habe ich erlebt, dass Sprüche wie diese kamen, wenn ich nicht alles mitmachte, was am Set verlangt wurde:

»Ach, die Fotostrecke hätte viel schöner werden können.«

»XY hat das auch gemacht und es war so wunderschön.«

»Warum so schüchtern?«

»Komm schon, du bist doch keine Anfängerin mehr!«

Das hört sich im ersten Moment harmlos an, doch wenn das ganze Team auf dich schaut und dir zu verstehen gibt, dass dein Verhalten nicht den unausgesprochenen Spielregeln entspricht, dann setzt es dich enorm unter Druck. Wenn der Fotograf, der Stylist, der Art-Direktor oder auch der Kunde wegen dir beleidigt sind oder so tun, als ob. Wenn du Angst haben musst, dass es später einen Anruf in der Agentur geben wird: »Sie ist schwierig!« Wenn du Sorge um deine nächsten Aufträge haben musst, dann überlegst du dir genau, ob du nicht doch mitmachst.

Je jünger und je neuer du im Geschäft bist, desto eher wird deine Unwissenheit ausgenutzt und geprüft, wie weit du zu gehen bereit bist – und desto eher lässt du dich auch brechen. Jung und unerfahren bin auch ich stundenlang in High Heels, drei Nummern zu klein, gehüpft und gesprungen, ohne eine einzige Pause zu haben oder gar danach zu verlangen. Ich habe weitergemacht, immer weitergemacht.

Ich erinnere mich an eine Situation in Wien, in der ein Shooting auf einem Hochhaus stattfand. Zuerst lief alles gut, doch dann entschied der Fotograf, ich solle doch mal näher an den Rand des Dachs gehen, was ich auch machte. Der Security-Mann schaute mich an und schüttelte den Kopf. Und der Fotograf? Sagte: »Bleib da. Das sieht super aus!« Ich blieb also stehen und versuchte, meine Angst zu verstecken. Dann sollte ich mich noch näher an den Abgrund stellen und mich etwas darüberbeugen. Ich sah die Sorge in den Augen des Security-Mannes und hörte gleichzeitig die Stimme des Fotografen: »Toll! Genau so!« Es war der Horror.

Und warum tat ich das? Um dem Fotografen zu gefallen, um die Produktion nicht zu gefährden, um den nächsten Job zu ergattern, um zu zeigen: Ich kann es! Ich kann alles!

Kunst oder Übergriff?

Ein weiterer sensibler Punkt in unserem Business ist, dass das Modeln von der Kreativität lebt, die meist auf schöne, junge Gesichter und Körper fokussiert ist; es lebt von Attraktivität, vom Abbilden von Sinnlichkeit, von Andeutungen, von Verführung. Unser Job ist es, Menschen zu gefallen. Das kann nicht nur zu großen Missverständnissen zwischen den Akteuren führen, sondern zieht in erhöhtem Maß auch Täter an.

Wenn ich früher gefragt wurde: »Anni, machst du topless?«, antwortete ich meistens: »Ja, klar.« Tatsächlich war es für mich nie ein Problem, meine Brüste zu zeigen oder ein durchsichtiges T-Shirt zu tragen, wenn die Ästhetik dahinter Sinn ergab und ich mich am Set wohlfühlte. Doch die Linie zwischen professioneller Kreativität und Übergriffigkeit ist hier so fein, dass Überschreitungen schwer zu durchschauen sind, weil der Interpretationsrahmen so groß ist.

»Es geht ja um Kunst«, heißt es oft, »Verführung ist Teil des Berufs«: Das kann entweder eine gute Begründung sein oder eine fadenscheinige Ausrede.

Ein Negativbeispiel: Am Anfang meiner Karriere, ich war gerade in Mailand und machte fleißig meine Go-Sees, hatte ich einen Termin bei einem sehr bekannten Fotografen. Ich sollte in sein Studio kommen. Er war allein. Wir sprachen kurz, dann sagte er: »Okay, zieh dich mal um«, und gab mir einen Bikini und eine Federkette. Ich freute mich, weil ich dachte, er würde mich direkt für eine Magazinstrecke fotografieren. Aufgeregt zog ich mich um.

Zuerst wunderte ich mich nicht, dass niemand außer uns anwesend war und weder meine Haare noch mein Make-up gemacht worden waren. Er gab mir Anweisungen. Und ich machte mit. Doch spätestens, als er sagte: »Schau genau so, wie du deinen Freund anschaust, wenn ...«, fing ich an, mich unwohl zu fühlen. »Öffne deinen Mund ein wenig. Ja, ja, genau so.«

Ich muss das jetzt machen. Ich will ihm gefallen.
Er ist so ein guter Fotograf.

Ich wurde nervös. Ich hatte eigentlich noch etliche Termine an diesem Tag und spürte, dass hier irgendetwas nicht stimmte. Trotzdem versuchte ich, mich professionell zu verhalten. Zum inneren Stress kam schließlich eine Übelkeit, die ich ignorierte.

Stell dich nicht an.
Er fotografiert dich doch nur.

Im Nachhinein weiß ich, dass meine Übelkeit eigentlich der Ekel vor ihm war: zu erkennen, wie geil er es fand, mich so hilf- und ahnungslos zu sehen. Wir wussten beide, dass er eine Grenze überschritten hatte. Er spürte Genugtuung, ich Erniedrigung. Doch was sollte ich tun? In meiner Agentur hieß es nur: »Wow! Er hat gleich Bilder von dir gemacht? Mega! Das ist ein super Fotograf.« Niemand interessierte sich für meine Gefühle. Also verdrängte ich es und redete mir lange Zeit ein, mein Körper hätte übertrieben reagiert.

Dein Körper als Objekt

Wenn du als Model arbeitest, merkst du schnell, dass du ein distanziertes Verhältnis zu deinem eigenen Körper aufbauen musst. Zum Selbstschutz. Weil dein Körper dein Kapital ist, einer ständigen Bewertung unterliegt und du es schaffen musst, dies von deiner Psyche abzuspalten – was selten gut gelingt. So wie damals bei einem Casting für eine große Show in Berlin. Ich war dort mit zwei Freundinnen, die auch Models waren.
Als sie fertig waren, fragte ich: »Und, haben die euch gemessen?«

»Ja, 93«, antwortete eine der beiden, »und ich musste nichts anprobieren.«

Das bedeutete im Klartext: Eine Anprobe lohnte sich nicht, weil 93 sowieso zu dick war.

Mist, ich habe bestimmt mehr auf der Hüfte als sie.

Dann war ich dran. Der Raum war groß, viele Menschen standen oder saßen herum, andere Models schauten von draußen herein. »Lauf mal«, sagte die Designerin, und ich lief. »Haha, da brauch ich gar nicht zu messen«, rief sie laut, als ich bei ihr ankam, und klatschte mir auf den Po. Ich drehte mich schnell weg, damit sie mein Gesicht nicht sah, und lief, so schnell ich konnte, raus. Ich hörte noch: »Wenn nur diese Löwenschenkel nicht wären.«

Keiner sagte etwas dazu. Alle ignorierten es, selbst ich tat so, als wäre nichts. Doch den Rest des Tages verfolgte mich das Wort »Löwenschenkel«. Es verfolgt mich bis heute.

Leider war meine Agentur auch in diesem Fall keine Hilfe. Der einzige Rat, der mir hierfür gegeben wurde, war: »Nimm es nicht persönlich.«

Danke für die leeren Worte! Solche Formen von Missbrauch und Beleidigung wirken sich immer auf dein Inneres aus, auch wenn du dir tausend Mal selbst sagst, du seist ja nicht persönlich gemeint gewesen. Die Folgen werden unter Umständen erst Jahre später sichtbar.

Es gibt noch einen anderen Grund für das distanzierte Verhältnis, das du zu deinem eigenen Körper aufbauen musst: Wir arbeiten in einem Business, in dem Nacktheit normal ist, in dem andere Menschen Zugang zu deinem Körper haben und du ständig angefasst wirst. Beispielsweise bei den Shows: Dort ziehen wir uns bis auf einen hautfarbenen Slip nackt aus und bekommen dann die Kleidung, die wir tragen müssen. So nackt stehen wir vor den Dressern, Stylisten oder auch vor anderen Menschen, die gerade backstage sind.

Immerhin gibt es hier einen Fortschritt im Modelbusiness: Fotografen dürfen seit einigen Jahren in diesen Situationen nicht mehr anwesend sein. Das war früher anders, doch es gab zu viele, die die Gelegenheit nutzten, uns nackt zu fotografieren. Manchmal wurden wir sogar unter den Rock fotografiert, was ich immer besonders abstoßend fand.

Ja, ich zeige meine Haut für Kunst, aber das geht zu weit.

Bei solchen Dingen versuchte ich immer sehr aufmerksam zu sein. Wenn ich so etwas mitbekam, stoppte ich die Fotografen, vor allem auch dann, wenn sie meine Kolleginnen fotografieren wollten, ohne dass diese es mitbekamen.

Doch manchmal gingen die Belästigungen noch weiter: Wie oft habe ich es erlebt, wie Stylisten mir an die

Brust oder zwischen die Beine fassten, um ein Kleidungsstück zurechtzurücken! Viele fragten: »Darf ich?«, oder: »Ist es okay?« Dann war es für mich auch okay.

Doch es gab ebenso Stylisten, die mit ihren Händen wirklich überall hingriffen oder mich brutal und ruppig anfassten. Manche zogen mir den Slip hoch und die Hose so heftig runter, dass es wehtat. Wie oft hörte ich dann: »Oh Mann, sieht das scheiße aus!« Wenn der Look der Stylisten an uns Models nicht saß oder an uns nicht gut aussah, fühlten sie sich verantwortlich dafür, schließlich hatten sie den Look ja ausgesucht. Das wiederum verdarb ihnen die Laune. Und an wem ließen sie die aus? An uns.

Im Laufe meiner Karriere habe ich gelernt, mich gegen solche Übergriffe zu wehren. Wenn etwas zurechtgezogen werden musste, sagte ich, ich würde das gerne selbst machen. Doch wenn du jung bist und jeder so tut, als wäre es normal, dass alle an dir ziehen und zerren und dich ungefragt und grob anfassen (auch an Stellen, an denen man keinen anderen Menschen ohne Erlaubnis anfassen würde), dann überlegst du dir hundert Mal, ob du deinen Mund aufmachst und sagst: »Stopp! Hier ist meine Grenze!«

Du musst entscheiden, was unangemessen ist und was nicht, während alle um dich herum das Unnormale als normal behandeln und das Unangemessene als angemessen.

Ich muss dazu sagen, dass es in solchen Momenten auch immer wieder Fotografen oder andere Teammitglieder am Set gab, die sagten: »Ach, das bekommen wir schon irgendwie hin.« Und wir bekamen es irgendwie hin. Wenn der Fotograf und das Model wissen, was sie tun müssen, um ein Kleidungsstück gut aussehen zu lassen, dann klappt es, auch wenn etwas nicht ganz perfekt sitzt. Einen Rock etwa, der zu klein ist, lässt man hinten offen oder stellt sich so hin, dass man es nicht sieht. Nicht zu vergessen: Photoshop. Es gibt kein Bild, das im Nachhinein nicht verändert und optimiert wird. In solchen Teams machten mir die Jobs am meisten Spaß, weil wir miteinander und nicht gegeneinander arbeiteten. Das waren Lichtblicke, die mir immer wieder Kraft gaben, weiterzumachen.

Fehlende Kontrolle

Die vielen Grenzüberschreitungen passieren trotzdem nach wie vor und sind vor allem auch möglich, weil Arbeitsabläufe in unserem Beruf weitgehend unkontrolliert passieren. So kann die Arbeit beispielsweise in einem Hotelzimmer stattfinden oder in einer Hütte mitten im Nirgendwo.

Wenn sich die Location außerhalb einer Stadt befindet, weiß oft nicht einmal die Agentur, wo genau du dich aufhältst. Dann heißt es: »Du shootest irgendwo außerhalb Berlins und bist gegen 18 Uhr wieder da.« Dann triffst du das Team am vereinbarten Treffpunkt und fährst los. So etwas ist völlig normal. Bilder können überall unter allen möglichen Bedingungen entstehen. Und wie gesagt, es gibt auch Shootings, bei denen du mit dem Fotografen alleine bist. Ohne Zeugen.

Ich hatte Agenturen, die mir von Jobs abrieten, wie damals von einem Nackt-Shooting mit einem französischen Fotografen. Ich hatte ihn bei einem Go-See kennengelernt, fand ihn nett und dachte, so ein Shooting mit ihm wäre schon in Ordnung. Meine Agentur aber sagte: »Mach es nicht. Es ist nicht gut für deine Karriere. Und vor allem ist es nicht gut für dich.«

Andere Agenturen tun jedoch nicht alles für das seelische Wohl ihrer Models, sondern übersehen sie – die schwächsten Glieder in der Kette – im Spiel um Aufträge.

Warum ist das so? Es liegt an der Verfügbarkeit. Solange wir keine Supermodels mit Prominentenstatus sind, sind wir zu einfach zu ersetzen, weil es ein permanentes Überangebot an Models gibt. Modeln ist kein Job, für den man eine jahrelange Ausbildung braucht oder eine bestimmte Sprache sprechen muss. Nicht einmal verbindliche Altersbegrenzungen gibt es: Wer die körperlichen Voraussetzungen mitbringt, kann es zumindest versuchen – und zwar weltweit. Das führt dazu, dass sich manchmal Hunderte um einen einzigen Job bemühen, der vielleicht nur einen Tag lang dauert und entsprechend wenig Geld einbringt. Dann geht das Bemühen von vorne los.

Da wir unabhängige Selbstständige sind, die noch dazu international arbeiten, haben wir keinerlei Absicherung: keine Gewerkschaft, die sich für unsere Rechte einsetzt, keine Arbeitnehmerschutzgesetze, die für uns gelten. Anders sieht es beispielsweise bei Schauspielern aus, deren Tätigkeit nach deutscher Rechtsprechung eine unselbstständige Beschäftigung ist, die sozialversichert werden muss: Bei ihnen greifen diese Gesetze.

Wir Models haben dagegen immer den Gedanken im Hinterkopf, dass wir machtlos sind, es sei denn, wir werden tatsächlich bedroht oder körperlich verletzt. In diesem Fall setzt das Strafrecht ein – sofern genügend Beweise vorliegen, um den Fall vorzubringen.

Ambra Gutierrez gegen Harvey Weinstein

Wie schwierig es ist, einen Übergriff vor Gericht zu bringen, konnte man zum Beispiel an dem inzwischen sehr bekannten Fall meiner Kollegin Ambra Gutierrez beobachten. Eigentlich hatte sie alles richtig gemacht und sich bei der Polizei gemeldet, nachdem ihr Täter ihr im März 2015 bei einem Treffen an die Brust gefasst und versucht hatte, mit seinen Händen unter ihren Rock zu kommen. Die Voraussetzungen aber waren denkbar schlecht: der Mann war Filmproduzent Harvey Weinstein.

Wie es weiterging, beschreibt Ronan Farrow in seinem Buch *Catch and Kill*, in dem er den Weinstein-Skandal und seine Folgen beleuchtet: Die Polizei bat Ambra, sich erneut mit ihm zu verabreden und dabei ein verstecktes Mikrofon zu tragen. Sie ließ sich darauf ein und traf sich in der Church Bar des Tribeca Grand Hotels mit ihm, obwohl sie Angst vor Weinstein hatte. Dort saßen sie eine Weile, Weinstein machte ihr Komplimente und Hoffnung darauf, Jobs als Schauspielerin zu bekommen, wenn sie einfach nur Freunde sein würden. Irgendwann ging Weinstein zur Toilette, kam zurück und drängte plötzlich darauf, nach oben in seine Suite zu gehen. Es gelang Ambra eine Weile, ihn hinzuhalten, doch er wurde aggressiver und schließlich standen sie vor seiner Suite. Das Band nahm dabei Folgendes auf:

Weinstein: »*Ich sag dir jetzt, komm hier rein.*«
Gutierrez: »*Was müssen wir hier tun?*«
Weinstein: »*Nichts. Ich gehe duschen und du setzt dich und trinkst etwas.*«
Gutierrez: »*Ich trinke nicht.*«
Weinstein: »*Dann trink ein Glas Wasser.*«
Gutierrez: »*Kann ich in der Bar bleiben?*«
Weinstein: »*Nein. Du musst jetzt mitkommen.*«
Gutierrez: »*Nein.*«
Weinstein: »*Bitte.*«
Gutierrez: »*Nein, ich möchte nicht.*«

Weinstein: »*Ich werde nichts mit dir machen. Ich verspreche es. Jetzt bringst du mich in Verlegenheit.*«
Gutierrez: »*Ich weiß. Ich will nicht. Es tut mir leid, ich kann nicht.*«
Weinstein: »*Jetzt komm rein.*«
Gutierrez: »*Nein. Das war gestern ziemlich aggressiv.*«
Weinstein: »*Ich weiß.*«
[...]
Gutierrez: »*Ich will nicht angefasst werden.*«
Weinstein: »*Ich werde nichts machen. Bitte. Ich schwöre, ich werde es nicht tun. Setz dich nur mit mir hin. Blamier mich nicht im Hotel. Ich bin hier ständig. Setz dich nur mit mir hin, ich verspreche ...*«
Gutierrez: »*Ich weiß, aber ich will nicht.*«
[...]
Weinstein: »*Ich werde nichts tun, ich schwöre es bei meinen Kindern. Komm bitte rein. (Ich schwöre) auf alles. Ich bin ein berühmter Mann.*«
Gutierrez: »*Ich fühle mich gerade sehr unwohl.*«
Weinstein: »*Bitte komm jetzt rein.*«
[...]
Gutierrez: »*Warum hast du gestern meine Brust angefasst?*«
Weinstein: »*Oh, bitte. Entschuldige. Komm einfach rein. Ich mache das ständig.*« (Im Original: »*I'm used to that.*«)
Gutierrez: »*Du machst das ständig?*«
Weinstein: »*Ja, komm rein.*«

[...]
Gutierrez: »*Nein, aber ich möchte gehen.*«
Weinstein: »*Okay, tschüss. Danke.*«

Ambra konnte gehen, ohne dass etwas Schlimmeres passierte. Und die Staatsanwaltschaft? Entschied am Ende gegen eine Anklage. Warum? Als die Polizei und die Staatsanwaltschaft anfingen, die Vorwürfe zu untersuchen, wies Weinstein erst alles von sich und engagierte dann ein Team von Verteidigern, das anfing, Ambras Glaubwürdigkeit infrage zu stellen. Mit Erfolg. Medien berichteten schlecht über sie, schrieben etwa über ihre angebliche Vergangenheit als Prostituierte oder behaupteten, sie hätte alles nur getan, um eine Filmrolle zu bekommen, und beriefen sich dabei auf anonyme Quellen.

Kurz gefasst verlief die Geschichte so: Ambra bekam keine Aufträge mehr und ihr Anwalt riet ihr, eine Geheimhaltungsvereinbarung zu unterzeichnen. Sie tat es, um sich und ihre Familie zu schützen – und weil sie das Gefühl hatte, ihr würde ohnehin niemand glauben.

Ich frage mich, wie es sein kann, dass solche juristischen Dokumente – rechtsverbindliche Vereinbarungen also –, die Verbrecher und Verbrechen decken, überhaupt legal sind?

Ambras Ruf wurde erst dann rehabilitiert, als Ende 2017 immer mehr Frauen Vorwürfe gegen Harvey Weinstein erhoben und die MeToo-Bewegung losging. Als Weinstein Anfang 2020 wegen Vergewaltigung und sexueller Belästigung in zwei Fällen zu 23 Jahren Haft verurteilt wurde, schrieb Ambra auf Instagram: »[...] these years were not easy and now I can really take a big breath of air, I was 23 years old when he ruined my life and today Weinstein got sentenced to 23 years in prison. This is just a fraction of the justice he deserves. What about the dozens of other survivors he assaulted over decades who can't do anything about it because the law says they are too late?«

Ambras Geschichte ist nur eine der vielen überall auf der Welt stattfindenden Geschichten von Macht und Ohnmacht. Sie zeigt, dass Gesellschaften häufig nicht diejenigen schützen, die zu Opfern geworden sind, sondern diejenigen, die über Geld und Macht verfügen. Sie zeigt auch, wie viel jemand zu verlieren hat, der (sexualisierte) Gewalt zur Anzeige bringt, und wie Opfer durch die Rechtssysteme noch einmal zum Opfer oder retraumatisiert werden. Das alles sind Gründe, warum viele lieber schweigen.

Ich wünsche Ambra und allen anderen Opfern, dass sie einen Weg finden, das Geschehene zu verarbeiten. Ich wünsche ihnen Selbstbewusstsein und Stärke. Ich wünsche mir mehr Bewusstsein in der Gesellschaft und in unserem Business, (Macht-)Missbrauch zu erkennen und ihn nicht mehr zu bagatellisieren oder gar zu feiern.

All das zeigt: Wir müssen Wege finden, uns zu schützen. Je früher, desto besser. Je stärker, desto besser. Denn die Schnelllebigkeit des Modelbusiness führt dazu, dass manche Models nach nur einer Saison weg vom Fenster sind. Und dann? Aus den Augen, aus dem Sinn. Seelischer Zustand? Egal.

Natürlich gibt es auch Freundlichkeit, Hilfsbereitschaft, Empowerment und Solidarität. Nur sehr weit verbreitet ist das alles nicht. Es wundert mich nicht, dass wir manchmal als »lebende Kleiderständer« bezeichnet werden. Wir werden verdinglicht, als ob wir weder eine Seele noch Gefühle hätten.

Spielst du nicht mit, hast du verloren. Machst du den Job nicht, ziehst du dich nicht aus, stellst du Forderungen, kommt eine andere, die ihren Mund hält. Und wenn du etwas sagst – wenn du dich beispielsweise über unangemessene Berührungen, Äußerungen oder Annäherungen, grobes Verhalten, gefährliche Shooting-Bedingungen, fehlende Pausen oder nicht vorhandene Umkleideräume beschwerst –, wirst du als unprofessionell, überempfindlich, zickig oder schwierig bezeichnet.

»That's part of the job«, heißt es dann. Oder aber die Verantwortung wird von sich geschoben: Die Agenturen sagen, es sei die Verantwortung der Kunden, sich um das Wohl der Beteiligten am Set zu kümmern; diese sagen, es sei die Verantwortung der Art Buyer, das richtige Team zusammenzustellen; diese sagen, es sei Aufgabe der

Agenturen, ihre Models zu schützen. So kann man das Spiel unendlich weiterführen. Es führt: zu nichts.

Fest steht, dass wir in der Pyramide der Modewelt ganz unten stehen: keine Macht und ganz viel Konkurrenz. Erst wenn du erfolgreich bist, wirst du besser behandelt. Doch auch dann sagst du nichts. Dann hast du es ja geschafft. Jetzt alles aufgeben und riskieren? Wofür? Klingt bitter? Ist es auch!

Die Gatekeeper:
Agenten und Booker

Wer beschützt die Models? Ist es wirklich die Aufgabe der Agenturen? Ich finde: ja. Zumindest zum Teil. Zumindest bei Minderjährigen. Zumindest am Anfang. Sie sind es, die die Erfahrung haben, die Branche kennen und zwischen Kunden und Models vermitteln. Das hört sich einfach an, ist in Wahrheit aber sehr kompliziert, denn Agenturen sind Unternehmen, die wirtschaftliche Interessen haben.

In einem Konflikt wägen deshalb viele ab: Hier ist ein Kunde, durch den die Agentur Tausende von Euro im Jahr verdient, ein Fotograf, durch dessen Zusammenarbeit das Image der Agentur steigt. Will man das riskieren und verlieren, weil ein Model sich mal ein bisschen unwohl fühlt?

Ich weiß, ich klinge zynisch. Ich habe das nur zu oft selbst erlebt.

Dazu kommt, dass Booker und Agenten als Gatekeeper selbst über große Macht verfügen. Sie entscheiden, welches Model sie für welchen Job vorschlagen. Sie können Karrieren pushen oder stoppen. Ohne Begründung. In der Hoffnung, gepusht zu werden, versuchen viele Models deshalb, sich bei den Gatekeepern beliebt zu machen, beispielsweise, indem sie besonders nett zu ihnen sind, mit ihnen flirten oder ihnen Geschenke machen.

In solchen Konstellationen gibt es immer wieder Menschen, die diese Macht ausnutzen, sei es, um sich zu bereichern, Gefälligkeiten zu bekommen, ihren Frust rauszulassen oder einfach nur das Gefühl von Überlegenheit auszukosten. Auch ich habe irgendwann angefangen, meinen Bookern Geldgeschenke zu Weihnachten zu machen, weil es so üblich war und weil die Geschenke anderer Models jedes Jahr größer und teurer wurden.

Herauszufinden, ob du eine gute Beziehung zu deinem Booker hast oder ob du ausgenutzt wirst, erfordert Erfahrung, die viele junge Models (noch) nicht haben oder nie bekommen, weil sie gar nicht lange genug im Geschäft sein werden.

Was macht zum Beispiel ein Model, das nach einer Fashion-Week-Party von seinem Booker eine Nachricht bekommt: »Komm, du willst es doch auch ...« – so wie ich von einem meiner Booker?

Als ich ablehnte, antwortete er: »Dass du abblockst, macht mich noch mehr an, das weißt du.«

Ich versuchte danach, ihm aus dem Weg zu gehen, was mir auch ganz gut gelang. Doch man muss immer abwägen: Wer sitzt am längeren Hebel? Was passiert, wenn ich den Mund aufmache? Werden die Tatsachen verdreht? Werde ich am Ende dafür an den Pranger gestellt?

Models müssen vieles aushalten. Doch eigentlich sollte die Beziehung zwischen Model und Booker nicht auf Geld, Sex oder gemeinsam verbrachter (Frei-)Zeit basieren, auch nicht auf dem Gefühl von Angst oder Untergebenheit. Sie sollte auf Fairness, Respekt und Professionalität fußen und auf Augenhöhe stattfinden.

Promoter II

Augenhöhe ist auch das Stichwort beim letzten Punkt dieses Kapitels, den Promotern. Zunächst scheint es nämlich ein Tauschgeschäft auf Augenhöhe zu sein, das Promoter betreiben. Wie schon in Kapitel 14 *(Payday: Über Geld spricht man nicht)* beschrieben, ist der Deal: Ein Model besucht kostenlos einen Club oder eine Party, darf essen und trinken, so viel es möchte, und der Club kann sich dafür mit schönen Frauen schmücken. Das Arrangement trifft ein Promoter, der dafür eine Provision erhält.

So weit, so unverfänglich. Doch hinter diesem Deal kann noch viel mehr stecken. Wenn beispielsweise übermäßiger Alkoholkonsum und Drogen im Spiel sind, die Clubbesitzer oder -gäste mehr von den Models erwarten, als diese möchten, Models zu Urlauben eingeladen werden oder ihnen angeboten wird, für ihre Unterkunft aufzukommen oder sie gar bei sich wohnen zu lassen. All das kann im schlimmsten Fall in (sexueller) Ausbeutung münden. Wie das?

Zunächst basiert dieses Geschäft ganz klar auf sexuellem Begehren beziehungsweise Sexualität. Es geht nicht darum, wie nett oder intelligent du bist, wie toll du tanzen kannst oder wie viel Stimmung du machen kannst. Es geht um deinen Körper – jung, straff, sexy, schön –, und den sollst du zeigen (im schlimmsten Fall: hergeben).

Dieses Geschäft ist außerdem eines ohne jeden Vertrag. Das bedeutet, nicht einmal deine Agentur ist dazwischengeschaltet. Das bedeutet auch, dass hier nur diejenige geschützt ist, die sich selber schützt. Denn nirgends steht geschrieben, was die jeweilige Partei geben muss und was sie nehmen darf. Der Interpretationsrahmen ist riesig – und das wird bewusst oder unbewusst ausgenutzt, nicht nur von denjenigen, die deinen Service annehmen, sondern auch von den Promotern selbst.

Klar gibt es unter ihnen die Ehrlichen und Redlichen, so wie Eric, der mich damals in New York mit in die Clubs nahm.

Dennoch sollte jede Frau vorsichtig sein, vor allem, wenn sie
- jung,
- neu im Geschäft,
- weit weg von zu Hause,
- einsam,
- in Geldnöten,
- ohne viel Arbeit ist.

Diese Umstände machen anfälliger, in falsche Kreise zu geraten.

Die Ausbeutung beginnt, wenn du nicht mehr selbstbestimmt handeln kannst. Wenn du das Gefühl hast, du seist jemandem mehr als deine pure Anwesenheit schuldig – oder, andersherum, wenn dir jemand das Gefühl gibt, du schuldest ihm mehr als deine pure Anwesenheit.

Oft wissen die Mädchen und Frauen nicht, worauf sie sich einlassen. Sie werden gelockt mit dem Versprechen, dass sie sogar in Clubs geschleust werden, wenn sie noch minderjährig sind. Welches Mädchen findet das nicht cool? Sie werden gelockt mit Komplimenten und dem Gefühl, etwas ganz Besonderes zu sein, einem Inner Circle anzugehören, der an den langen Schlangen der teuersten Clubs und Restaurants einfach vorbeigeht. Sie dürfen einen luxuriösen, sorglosen Lebensstil führen: Partys, Urlaube, große Wohnungen, in denen sie sich nicht mit vier anderen ein Zimmer teilen müssen, so wie in Modelapartments.

Aber: Es geht um Macht, nicht um Vergnügen. Das alles passiert nicht aus Selbstlosigkeit, und es ist riskant, sich darauf einzulassen. Das muss man wissen. Gehst du auf den Deal ein, bist du in der Bringschuld – und der Schritt zu sexueller Ausbeutung ist unter Umständen sehr klein.

17. Aktivisten und Allianzen

Wo finden Models also Schutz? Wer setzt sich für sie ein? Sucht man in unserem Business nach Allianzen oder Aktivisten, findet man selbst nach langer Suche nur eine Handvoll, die meisten von ihnen in den USA. In Deutschland sucht man nach ihnen vergebens.

Eine Gewerkschaft nur für Models gibt es überhaupt nicht. Nirgends. Im Vereinigten Königreich gibt es zwar *Equity*, eine Gewerkschaft, die Künstler und Kreative aus der gesamten Unterhaltungsbranche vertritt und in die auch Models eintreten können, nur tun das die wenigsten. Denn erstens ist die Gewerkschaft unter Models nicht besonders bekannt und zweitens überlegen es sich diejenigen, die sie kennen, gut, dort einzutreten: Als Model kannst du schnell auf einer Blacklist stehen. Dann hilft dir auch keine Gewerkschaft, denn Job-Garantien oder Absicherungen haben wir als Selbstständige nicht. Und eine Begründung, warum du plötzlich keine Aufträge mehr bekommst, ist dir niemand schuldig. In diesem Fall heißt es einfach: Pech gehabt. Bist eben nicht mehr gefragt.

Dass es kaum Zusammenschlüsse zur Interessenvertretung von Models gibt, liegt auch daran, dass unsere Karrieren so stark auf Konkurrenz fußen und nicht auf Kooperation. Zudem sind Models häufig sehr jung, wenn sie anfangen, und üben den Beruf nur einige Jahre aus.

Bei so viel Fluktuation und so vielen unterschiedlichen Gesetzgebungen der verschiedenen Länder, in denen wir arbeiten, ist es schwer, sich nachhaltig zu organisieren und Mitglieder zu finden, die die Arbeit der Gewerkschaft über einen längeren Zeitraum begleiten oder unterstützen, auch wenn sie davon profitieren würden.

Trotzdem: Es gibt sie, wenn auch vereinzelt. Es gibt Aktivisten und Initiativen in der Branche, die sich öffentlich für die wirtschaftlichen und sozialen Interessen von Models einsetzen. Da sind zum Beispiel Models und Aktivistinnen wie Ekaterina Ozhiganova, Coco Rocha oder Cameron Russell, Casting-Direktor James Scully oder die Organisation Model Alliance.

Cameron Russell – Model Activist

Im November 2017 hielt Cameron Russell beim *Woman of the Year Summit* der Zeitschrift *Glamour* eine beeindruckende Rede. Sie stand vor einer großen Leinwand, auf der »We do not consent« stand – »Wir stimmen nicht zu« –, und sagte: »Ich heiße Cameron Russell und ich arbeite seit fünfzehn Jahren als Model. Im besten Fall ist Modeln eine kreative Partnerschaft. Wir [Models] müssen einen Weg finden, uns den Anweisungen und Vorstellungen anderer zu beugen. Wenn sie verlangen, dass wir unsere Augen schließen, unseren Rücken durchstrecken, unsere Lippen öffnen, dann tun wir es für sie. Wir atmen ein für sie. Wir atmen aus für sie. Das größte Kompliment für ein Model ist: Sie macht alles mit. Und wenn sie von uns verlangen zu springen, oder zu tanzen oder zu lachen, dann tun wir es – völlig ungehemmt.«

Weiter sagte sie: »Menschen verbringen selten Zeit miteinander, ohne zu reden, aber das ist es, was Modeln ist: Es geht darum, einen Weg zu finden, zu kommunizieren, eine Beziehung aufzubauen und [auch ganz] ohne Worte jemand zu sein. Die in meinem Job geforderte Stille wird oft fälschlicherweise als Sprachlosigkeit interpretiert. Die Annahme ist, dass ich nichts zu sagen habe – und es gab Zeiten, da glaubte ich das auch. Es gab viele Momente, in denen ich sprachlos war. Beispielsweise als es hieß: Wir müssen eine Lolita-Geschichte mit dir fotografieren. Ich dachte: Wissen sie nicht, dass das eine Geschichte über eine Vergewaltigung ist? Aber ich sagte: nichts.«

Daraufhin erzählte Cameron von ihren Erlebnissen sexueller Übergriffe durch mächtige Männer aus der Modelwelt. Sie erzählte von dem Kuss, den sie als 16-Jährige bekommen hatte und bei dem sie dachte, sie hätte den französischen Begrüßungskuss irgendwie falsch gemacht.

Sie erzählte von dem Mann, der ihre Schultern massierte und dabei sagte, sie sei ein »Jailbait«, ein Knastköder. Als Jailbait werden Mädchen bezeichnet, die das

Schutzalter noch nicht erreicht haben, mit denen sexuelle Handlungen also strafbar sind, die sich aber absichtlich so kleiden und verhalten, als wären sie älter. Es war das erste Mal, dass Cameron von einem Mann berührt wurde, und sie fragte sich, ob sich das so anfühlen musste.

Sie erzählte von einem Job, bei dem sie nicht gebucht wurde, weil sie noch Jungfrau war, und von dem Mann, der sagte, er wisse nicht, ob sie ihm gefalle, bevor er sie nicht nackt gesehen hätte.

Sie erzählte von einem Agenten, der zu ihr sagte: »Ja, [der Fotograf] ist widerlich, aber er ist ein Genie hinter der Kamera.« Und von dem Mann, der sie unter Druck setzte, sich entgegen der vertraglichen Vereinbarung nackt fotografieren zu lassen. Ein anderer fuhr Cameron mit der Hand über den Rücken und ließ sie dabei wissen, dass er von seiner Frau getrennt sei – und sie lächelte, weil Geld auf dem Spiel stand.

Cameron sagte: »Ich habe nichts von alldem zugestimmt. Es wurde keine Erlaubnis eingefordert, und daher gab es auch keine, die ich hätte geben können. Ich denke, das richtige Wort hierfür ist: Ich habe es toleriert.« Cameron ist sich sicher, dass sie nicht als Model hätte arbeiten können, ohne diese Dinge zu tolerieren, da es am Ende des Tages zu viele Gatekeeper gibt, die ihre Macht missbrauchen. »Welchen Wert hat deine Zustimmung, wenn das Gesetz ihn schützt, bevor es dich schützt? Wenn du seinen Namen nicht aussprechen kannst, weil du dann verklagt wirst? Wenn du seinen Namen nicht aussprechen kannst, weil du dann entlassen wirst, weil du auf die schwarze Liste gesetzt wirst, weil du als Problem bezeichnet wirst? Was bedeutet Zustimmung, wenn die Modebranche zu achtzig Prozent aus Frauen besteht, wir aber fast nie die Verantwortung tragen? Was bedeutet Zustimmung, [...] wenn die CEOs aller größten Fast-Fashion-Unternehmen und größten Luxusmarken hauptsächlich weiße Männer sind? Wenn achtundneunzig Prozent der von Agenturen vertretenen Fotografen und einundsiebzig Prozent der Kreativ-Direktoren Männer sind?« Bei dem Versuch, hinter die Tore der Macht zu kommen, tolerierte Cameron Verletzungen und verhielt sich, wie sie sagt, »selbstgefällig« in einer Branche, die zu viele Frauen ausbeutet. »Ich dachte, es gäbe keine Alternative. Ich dachte, ich müsse an die Spitze, um etwas zu ändern.«

Doch irgendwann merkte Cameron, dass die Macht dieser Männer nicht die einzige Macht ist, die existiert, und dass ihre Macht weder heilen noch die Welt gerechter oder freier machen kann. »Die Macht dieser Täter ist einzig und allein strukturell. Ich kenne [diese Männer]. Es gelingt ihnen nicht, Menschen mit ihren Worten oder ihrer Arbeit zu bewegen. Es gelingt ihnen ja nicht mal, Augenkontakt herzustellen. Sie sind weder besonders kreativ noch einzigartig talentiert. Sie sind nicht unersetzlich. Sie erscheinen nur so, weil die große Mehrheit unterdrückt worden ist.«

Cameron wusste, dass sie etwas ändern konnte, auch ohne an der Spitze zu sein. Das war der Punkt, an dem sie ihre eigene Stimme fand – und der großen unterdrückten Mehrheit ebenfalls eine verleihen wollte: Anfang 2017 gründete sie gemeinsam mit Áine Campbell das Netzwerk *Model Mafia*, das heute *Model Activist* heißt. Sie wollen durch Aktionen, Veranstaltungen, Diskussionen, Arbeitsgruppen und nicht zuletzt durch Freundschaft und gegenseitiges Empowerment zu mehr Gerechtigkeit und Nachhaltigkeit innerhalb der Modebranche gelangen.

Die vielleicht wichtigste Errungenschaft dieses Netzwerks war der Hashtag #MyJobShouldNotIncludeAbuse, den Cameron im Oktober 2017 zum ersten Mal benutzte, um auf Missbrauch in der Modewelt aufmerksam zu machen. Eine Freundin und Kollegin von Cameron hatte ihr in einer Nachricht von sexuellem Missbrauch am Set erzählt und sie gebeten, ihre Geschichte anonym auf Instagram zu veröffentlichen, damit so etwas nicht immer wieder passiert. Cameron teilte ihre Geschichte und schrieb auf ihrem Instagram-Account: »Wir brauchen eine Möglichkeit, das Schweigen zu brechen und gleichzeitig geschützt zu bleiben. Wir sprechen nicht über einen, fünf oder sogar zwanzig Männer. Wir sprechen von einer Kultur der Ausbeutung, die aufhören muss. WENN DU DEINE GESCHICHTE ANONYM TEILEN MÖCHTEST, MELDE DICH DIREKT BEI MIR, und ich werde deine Worte veröffentlichen. Wenn du sie öffentlich teilen möchtest, verwende den Hashtag #MyJobShouldNotIncludeAbuse, damit die Branche das Ausmaß und die Tragweite dieses Problems erkennt.«

In den Tagen und Wochen danach meldeten sich Hunderte von männlichen und weiblichen Models, um ihre Geschichten von Vergewaltigungen, Fummeleien, Aufforderungen zu sexuellen Gefälligkeiten oder ungewollten Massagen zu erzählen. Es waren Geschichten wie diese:

Eine Frau erzählt, wie sie mit 18 für einen Job gebucht wurde. Sie schreibt: »Ich komme aus einer sehr kleinen Stadt und war noch nicht viel gereist.« Der Job war für eine Woche angesetzt und fand mit einem Fotografen statt, von dem ihre Agentur begeistert war. »Als der erste Tag vorbei war, ging die Crew, und ich fing an, mir meine eigenen Kleider wieder anzuziehen. Der Fotograf (der Ende 40 war) kam in den Umkleideraum, sagte irgendwelche sexuellen Dinge, an die ich mich nicht erinnere, und streifte meine Klamotten ab.« Sie erstarrte. Heute schämt sie sich dafür. »Mein Verstand setzte aus, als seine Hände überall an meinem Körper waren. Er war sehr grob. Später sah ich, dass ich Abdrücke seiner Hände auf meinen Brüsten hatte. Es fühlte sich an wie eine Ewigkeit.« Der Fotograf wollte mehr, da stieß sie ihn weg und versuchte zu entkommen. Er wurde wütend und sagte etwas wie: »Dann lass mich wenigstens kommen.« In dem Moment dachte sie, das sei vielleicht die einfachere Lösung. »Also blieb ich und versuchte, an etwas anderes zu denken. Als es vorbei war, rief ich meinen Agenten an und sagte ihm, was passiert war. Naiv dachte ich, sie würden mich von dem Job abziehen. Sie taten es nicht. Ich fühlte mich verlassen und eingesperrt. Ich brachte den Rest der Woche hinter mich. Die Stylistin war so nett und blieb […] an meiner Seite, um eine ähnliche Situation zu vermeiden.« Monate später erzählte ihr Agent aufgeregt, dass sie gerade für einen neuen großen Job gebucht worden war. Er sagte: »Deshalb habe ich dich damals bei diesem Fotografen gelassen.« Ihr Agent, von dem sie glaubte, er sei da, um sie zu beschützen, hatte wissentlich ihre Sicherheit aufs Spiel gesetzt, um daraus Profit zu schlagen. »Ich fühlte mich wie ein wertloses Objekt.«

Eine andere Frau schreibt von einem Casting, als sie ebenfalls 18 Jahre alt war. Der Fotograf fragte sie, ob sie ein Oben-ohne-Bild für ihn machen würde. Sie sagte entschieden Nein, aber er fragte sie immer wieder. »Später wurde mir von meiner Agentur gesagt, er habe sich beschwert, weil ich so unfreundlich zu ihm gewesen sei. Das war ich absolut nicht.« Sie fühlte sich, als habe sie etwas falsch gemacht.

Ich frage mich, was so eine Frau das nächste Mal macht? Sagt sie wieder Nein und riskiert, von ihrer Agentur weniger häufig oder gar nicht mehr vorgeschlagen zu werden, weil sie als schwierig gilt? Oder sagt sie Ja, zieht sich aus und riskiert bleibende psychische Schäden? So wie eine

Frau, die schreibt, wie sie zu einem Test-Shooting ging, als sie 15 Jahre alt war. Ihre Stiefmutter begleitete sie, sollte aber in einem anderen Raum warten. »[Meine Stiefmutter] bekam nicht mit, dass er seine Finger ein paar Mal tief in meine V steckte, während er Bilder von mir machte und sagte, dies würde die Bilder sinnlicher aussehen lassen.«

Diejenigen, die auf solche Weise ihre Macht missbrauchen, schieben die Mode und die Kunst vor. Sie erzählen Jugendlichen, das alles sei normal, alle würden das machen. Ein Nein wird selten einfach so akzeptiert. Dann heißt es:

»Du verstehst wohl nicht, was Kunst ist.«

»Das gehört zu deinem Job.«

»So wirst du es bestimmt nicht weit schaffen.«

»Erzähl ja nichts davon, du willst dir ja deinen Ruf nicht verderben.«

Das Schlimmste ist, die meisten Frauen – und ja, auch Männer –, denen so etwas passiert, fühlen sich missbraucht, denken aber gleichzeitig, es stimme etwas mit ihnen nicht. Vor allem wenn Agenturen so reagieren, wie eine andere Frau auf Camerons Instagram-Seite erzählt:

»Ich war 20 [...] und der Fotograf versuchte immer wieder, mich nach dem Team-Abendessen zum Trinken zu bewegen. Er klopfte nachts an meine Tür oder fragte mich, ob ich nicht auf sein Zimmer käme, um die Bilder des Tages anzuschauen. Er wurde jeden Tag aufdringlicher. Am letzten Tag des Shoots sagte der Make-up-Artist: ›Kannst du nicht einfach mit ihm schlafen, damit wir alle mal Ruhe haben? Das machen doch alle!‹ Als wir zurückkamen, fragte mich meine Agentur, warum ich so unhöflich gewesen sei. Ich erzählte ihnen, was passiert war, und sie sagten nur: ›Pass auf, dass wir ihn nicht als Kunden verlieren!!‹«

Das sind nur einige der vielen Geschichten, die Cameron geschickt bekam, aber sie verdeutlichen die Ohnmacht der Betroffenen, die sicherlich auch ein Grund dafür ist, dass bis heute nur wenige öffentliche Stimmen aus der Modelbranche zum Thema Missbrauch zu hören sind, auch seit der MeToo-Bewegung nicht. Häufig denken Models, sie könnten es sich nicht leisten, offen zu sprechen, vor allem nicht, wenn sie nicht so bekannt sind wie Cameron Russell. Und es stimmt: Für unbekannte Models kann es nicht nur das Ende ihrer Karriere bedeuten, sondern auch ihren finanziellen Ruin, wenn sie im Laufe eines Prozesses noch einen teuren Anwalt bezahlen müssen.

Bei alldem verdeutlichen diese Geschichten aber auch, welche Macht soziale Medien haben können, wenn viele Menschen an einem Strang ziehen. Wenn die große Masse an Models sich eben nicht in Gewerkschaften vereint – obwohl ich sie nach wie vor für unbedingt sinnvoll hielte –, sondern einen anderen Weg findet, auf Missstände in der Branche zumindest aufmerksam zu machen.

Cameron verzichtete bei ihrer Kampagne #MyJobShouldNotIncludeAbuse übrigens darauf, sowohl Opfer als auch Täter mit Klarnamen zu nennen, um mehr Menschen zu ermutigen, ihre Geschichten zu teilen. Cameron meinte, man könne die Kultur der Gewalt nicht anfechten, wenn Menschen Angst hätten, dadurch Rückschläge zu erleiden und ausgesondert zu werden. Das öffentliche Teilen erfordere den Aufbau einer vertrauenswürdigen Gemeinschaft, und dafür bräuchte es Monate, wenn nicht Jahre der Organisation. Würde man nur eine oder zwei Personen enttarnen, würde das nur dazu dienen, Menschen abzuschrecken, den Mund aufzumachen und dadurch die Unterstützung zu finden, die sie benötigten.

Cameron sah in den Geschichten die wirkliche Macht. So beschrieb sie es am Ende ihrer Rede beim *Woman of the Year Summit*: »Wirkliche Macht ist, wenn man zu Hunderten vortritt, auch wenn es schmerzhaft ist, auch wenn man nichts zu gewinnen hat. [...] Wirkliche Macht, das waren die siebzig Freiwilligen, die weiter dazu beitrugen, das Schweigen zu brechen, indem sie die Stimmen der Schwächsten veröffentlichten, auch wenn sie dafür nicht die meisten Likes bekamen. [...] Ich sage Ihnen, was wahre Macht ist. Wahre Macht ist, dass wir die Mehrheit sind. Und obwohl wir möglicherweise nicht die Titel oder Lebensläufe haben oder am weißesten, gradlinigsten, männlichsten oder reichsten sind, hat das, was wir haben, einen viel größeren Wert:

Wir haben die Macht, dies zu einer lebenswerteren Welt zu machen.«

Sara Ziff – Model Alliance

Die weltweit bekannteste, sichtbarste und einflussreichste Vereinigung von Models ist die *Model Alliance* aus New York, gegründet 2012 von Sara Ziff. Die Organisation tritt als kollektive Stimme ein für
- eine Verbesserung der Arbeitsbedingungen in der Modebranche,
- faire Behandlung und Chancengleichheit,
- Empowerment und Solidarität,
- nachhaltiges Handeln,
- geregelte Arbeitszeiten, insbesondere bei Minderjährigen,
- aktive Unterstützung bei Problemen,
- Forschung in der Branche,
- Unfallschutz,
- Rechtsberatung,
- geregelte Mahlzeiten am Set.

Und sie tritt ein gegen
- sexuellen Missbrauch und Belästigung,
- mangelnde finanzielle Transparenz,
- Kinderarbeit,
- Essstörungen und

- Vergeltungsmaßnahmen gegen diejenigen, die Widerstand leisten.

Das alles soll nicht nur für Models gelten, sondern für alle Arbeiterinnen und Arbeiter in der Modeindustrie.

Sara gründete die *Model Alliance* unter anderem, weil sie, ähnlich wie Cameron Russell, früh Erfahrungen mit Übergriffen gemacht hatte. Sie war 14, als ein Fotograf ihr beispielsweise sagte, sie solle ihr Shirt und ihre Hose ausziehen, und dann meinte, er müsse sie ohne BH sehen. Sara tat, was er sagte. Sie wollte gemocht werden. Und sie wollte den Job. In diesem Alter war sie zu jung, um einschätzen zu können, wann eine Grenze überschritten wurde – und wo die Grenze überhaupt lag.

Ich finde es schlimm zu sehen, wie Menschen den Erfolgswillen anderer für ihre eigene Befriedigung ausnutzen und wie sich Missbrauch und Manipulation vor allem langfristig auf junge Menschen auswirken. Niemand sollte dem ausgesetzt sein, schon gar keine Minderjährigen!

Genauso schlimm ist es zu sehen, wie viel zusätzlicher Druck auf denjenigen Models lastet, die mit ihren Jobs ihre gesamte Familie ernähren müssen. In einem Business, in dem es normal ist, nackt oder halb nackt zu sein, und in dem andere Menschen permanent über deinen Körper verfügen können, musst du entscheiden, wann eine Berührung unangemessen ist. Und selbst wenn du es weißt oder spürst, dass bestimmte Handlungen, Aufforderungen und Anweisungen nicht richtig sind, lässt du es trotzdem zu, um deine Karriere – und somit den Geldfluss – nicht zu gefährden.

Ich selber stand nie unter dem Druck, Geld für meine Familie verdienen zu müssen. Ähnlich war es bei Sara Ziff: Ihr Vater ist Neurowissenschaftler, ihre Mutter Anwältin. Sie selbst hat ihren Abschluss in Politikwissenschaft an der Columbia University gemacht und anschließend einen Master in Public Policy in Harvard. In einem Interview mit der britischen Zeitung *The Times* sagte sie: »Ich hatte nie das Gefühl, dass das Modeln mein einziges Ticket zum Erfolg ist.«

Trotzdem sei es für ein 17-jähriges Mädchen schwer zu sagen: »Hey, das ist nicht richtig«, so Sara weiter, besonders wenn ständig die sinnbildliche Karotte vor deiner Nase baumele und der Agent behauptet: »Du könntest die nächste Gisele sein.«

Saras Arbeit als Aktivistin fing 2009 an, nachdem sie zwölf Jahre lang erfolgreich für alle möglichen großen Modehäuser und Designer gearbeitet hatte. In jenem Jahr veröffentlichte sie einen Dokumentarfilm, den sie gemeinsam mit ihrem damaligen Freund Ole Schnell gedreht hatte und der anfangs nur als Job-Videotagebuch für sie selber gedacht war. Doch nach und nach holte Sara auch immer mehr Kolleginnen vor die Kamera und entschied sich, einen ganzen Film daraus zu machen. Über fünf Jahre hinweg sprachen sie und ihr Freund schließlich mit verschiedenen Models – übrigens auch mit Cameron Russell – über deren Alltag und ihre Erfahrungen hinter den Kulissen. Es ging um alles: um Höhen genauso wie um Tiefen wie etwa Essstörungen, extremes Gewicht, extreme Jugendlichkeit, sexuelle Übergriffe, Schulden oder Entwürdigungen.

Als der Film herauskam, warf man Sara vor, sie würde an dem Ast sägen, auf dem sie säße.

»Ich wurde als Whistleblower bezeichnet und das Telefon hörte plötzlich auf zu klingeln«, sagte sie in dem Interview mit der *Times*. Bis zu diesem Zeitpunkt hatte sie sehr gutes Geld verdient – mehr noch als ihre gesamte Familie. Mit einem Mal aber brach das alles weg.

»Ich habe meine Modelkarriere dadurch zerstört, dass ich den Mund aufgemacht habe. Gleichzeitig war das aber auch der Grundstein für mich, die *Model Alliance* zu gründen.« Sie fühlte sich verantwortlich und glaubte ähnlich wie Cameron Russell an die Macht der Zahl, sprich, dass es hier nicht auf eine einzelne Person ankam, sondern auf die Masse von Menschen, die ähnliche Erfahrungen gemacht hatten und dies publik machten.

Zunächst war Saras Ziel tatsächlich, eine richtige Gewerkschaft zu gründen, doch in ihrem Heimatland, den USA, können sich Selbstständige nicht gewerkschaftlich organisieren. So gründete sie gemeinsam mit anderen Kolleginnen im Jahr 2012 die Model Alliance als Non-Profit-Organisation.

Seitdem hat sich die Modelbranche nicht revolutioniert. Leider. Doch die Model Alliance setzt immer wieder wichtige Impulse und leistet Arbeit, die sonst niemand macht, beispielsweise in Form von wissenschaftlichen Branchenstudien, Beratung – vor allem auch juristischer – oder dem Sammeln von Geschichten Betroffener.

Ihre wichtigsten Erfolge sind aber diese: Durch ihr Engagement unterliegen minderjährige Models, die im Staat New York leben oder arbeiten, seit 2013 dem New Yorker Kinderarbeitsrecht. Außerdem müssen Agenturen, die dort Models unter 16 Jahren beschäftigen, seitdem eine Aufsichtsperson für diese zur Verfügung stellen. Leider bietet die Praxis immer wieder Schlupflöcher – die auch genutzt werden. Trotzdem: Manchmal geht es auch darum, etwas anzustoßen und auf etwas aufmerksam zu machen.

Zudem entwickelte die Model Alliance 2018 mithilfe von anderen Models das RESPECT Program. Ziel dieses Programms ist es, international ein Umfeld von gegenseitigem Respekt zwischen Agenturen, Modehäusern, Models und Kreativen wie Fotografen, Stylisten, Visagisten, Hairstylisten und Assistenten zu schaffen. Es enthält auch einen Code of Conduct, der als branchenweiter Verhaltenskodex dienen und die Lücke von fehlendem Rechtsschutz schließen soll.

Damit nicht genug: Im August 2019 schrieb die Model Alliance einen offenen Brief an John Mehas, den CEO von Victoria's Secret, unterschrieben von mehr als 100 Mitstreiterinnen, darunter auch Doutzen Kroes, Christy Turlington, Amber Valletta und Milla Jovovich. In dem Brief beklagten sie die »Kultur der Frauenfeindlichkeit, Tyrannei und Belästigung«, die bei dem Unternehmen herrsche.

Sie schrieben: »In den letzten Wochen haben wir zahlreiche Vorwürfe wegen sexueller Übergriffe, vermeintlicher Vergewaltigung und Sexhandel mit Models und aufstrebenden Models gehört. Obwohl diese Anschuldigungen möglicherweise nicht direkt an Victoria's Secret adressiert worden sind, ist klar, dass Ihr Unternehmen eine entscheidende Rolle bei der Beseitigung der Situation spielt. Diese Geschichten sind unerträglich für viele von uns, die solche Missbräuche, die in unserer Branche zu oft toleriert werden, selbst erlebt haben. Wir stehen zu den mutigen Frauen, die sich gemeldet und ihre Geschichten geteilt haben, trotz der Angst vor Vergeltung oder Schaden an ihren Karrieren. Es bricht uns das Herz, diese Geschichten immer wieder zu hören. Wir können und müssen es besser machen.«

Die Model Alliance forderte umgehende Maßnahmen und schlug vor, das Unternehmen solle sich dem RESPECT Program anschließen. Daraufhin kam es zu einem Treffen zwischen der Model Alliance und Tammy Roberts Myers, Leiterin der Kommunikationsabteilung von L Brand, der Muttergesellschaft von Victoria's Secret.

Ohne Ergebnis. Nach dem Treffen schrieb Tammy Roberts Myers lediglich eine E-Mail, in der stand, Victoria's Secret sei nicht bereit, konkrete Maßnahmen gegen diese Vorwürfe zu ergreifen. Vielmehr befinde sich das Unternehmen »in einem Prozess des kontinuierlichen Lernens und Zuhörens«.

Als nichts weiter passierte, schrieben Sara und ihre Kolleginnen im Februar 2020 erneut einen offenen Brief an John Mehas, nachdem die *New York Times* einen investigativen Bericht über das Unternehmen veröffentlicht hatte, der zeigte, dass die Kultur der Frauenfeindlichkeit, des Mobbings und der Belästigung bei Victoria's Secret noch ungeheuerlicher und fester verwurzelt war als bisher angenommen. Die *New York Times* schrieb von wiederholten Beschwerden über unangemessenes Verhalten gegenüber Models und Mitarbeitern: Bodyshaming, anzügliche Äußerungen, Griffe in den Schritt, Vergeltungsmaßnahmen für zurückgewiesene Avancen, die unerlaubte Verwendung von Bildern und der Druck, nackt und ohne Bezahlung für persönliche Aufnahmen eines Fotografen zu posieren.

In dem offenen Brief lud die *Model Alliance* das Unternehmen ein, miteinander zu arbeiten, um diese Probleme anzugehen und sinnvolle Maßnahmen zu ergreifen. Und tatsächlich, es bewegte sich etwas: Der Chef von L Brand, Leslie Wexner, trat zurück. Die Kritik, eine sexistische und frauenfeindliche Kultur innerhalb des Unternehmens etabliert zu haben, galt vor allem ihm. Außerdem erkannte das Unternehmen wohl, dass es an Diversity nicht mehr vorbeikommt. Inzwischen wirbt Victoria's Secret zunehmend mit Frauen aller möglichen Altersgruppen, Ethnien und Größen.

Das alles war ein Anfang. Für Sara Ziff nicht genug. Sie kämpft weiter für ein sicheres und faires Arbeitsumfeld aller Beteiligten in der Modewelt.

James Scully

Eine Person, mit der Sara immer wieder zusammenarbeitete, war Casting-Direktor James Scully. Er saß beispielsweise im Beirat der Model Alliance, als sie das RESPECT Program aufsetzten.

Auch er war – ähnlich wie Cameron Russell – in der Modeszene sehr gut bekannt, als er zum ersten Mal öffentlich über Missstände sprach. Auch er tat dies in einer Rede, gehalten im Dezember 2016 auf der Konferenz *Voices*, die das Branchenmagazin *Business of Fashion* jedes Jahr veranstaltet. James kritisierte darin den Umgang mit Models und deren Arbeitsbedingungen. Er sprach über Rassismus, Frauenfeindlichkeit und Missbrauch in der Modebranche, über zu wenig Diversität, zu viel Druck und den rücksichtslosen Umgang mit den teils minderjährigen Mädchen und Jungen.

So erklärte er beispielsweise, was heute von weiblichen Models erwartet wird: »Don't move your hips. No eye-contact. Don't move your arms. Show no feminity. Be a boy.« Weiter sagte er: »Das Ironische daran ist, dass dieses Business, das für mich immer darauf basierte, die Schönheit und Vielfalt von Frauen zu feiern, jetzt von einer kleinen Gruppe von Stylisten, Casting-Direktoren und Fotografen gekapert worden ist, die Frauen nicht nur nicht mögen, sondern sich auch sehr viel Mühe geben, das täglich zu beweisen.«

In einem Punkt hatte James meines Erachtens nicht recht: Ich glaube nicht, dass wir es nur mit einer »kleinen Gruppe« zu tun haben, sondern dass es vielmehr ein weitverbreitetes Problem ist. Bei vielem anderen, das er sagte, stimme ich ihm zu. Beispielsweise diesem hier: »Das Wichtigste, was ich diesen Menschen mitgeben kann, ist ein Verständnis dafür, was die Kraft ihrer Worte bedeutet. Ich bekomme über soziale Medien so viele Briefe von so vielen Mädchen und Menschen, und darin steht immer das Gleiche: Wenn jemand […] nicht so fies gewesen wäre, wäre ich nicht magersüchtig geworden. Ich hätte nicht angefangen zu trinken, ich hätte das Business nicht aufgegeben, ich hätte mir ein gewisses Selbstwertgefühl bewahrt. […] Es ist nicht schwer, nett zu sein, es ist nicht schwer, jemanden anzuschauen und ihm etwas Freundlichkeit entgegenzubringen, denn im Moment ist es ein Albtraum und dieses Geschäft sollte das nicht sein.«

Dann erzählte James von André Leon Talley, einem amerikanischen Modejournalisten, der früher Editor-at-Large bei der *Vogue* war und mit dem er seinerzeit zusammengearbeitet hatte. Dieser hatte damals zu James gesagt: »Jedes Mal, wenn du mit einem Mädchen oder einem Jungen arbeitest, behandele sie, als wären sie dein eigenes Kind.«

Anders als Cameron Russell und Sara Ziff nannte James Scully in seiner Rede die Namen von Menschen und Marken, die er in der Verantwortung sah und denen er konkretes Fehlverhalten vorwarf. Es schien, als wolle er seinem Ärger Luft machen und nicht länger schweigen, koste es, was es wolle.

Scullys Rede ist deshalb so bemerkenswert, weil er damit – gemeinsam mit den Gedanken und Ansichten, die er auf Instagram teilte – eine weitreichende Diskussion innerhalb der Branche auslöste. Sie war so weitreichend, dass sie selbst bei den ganz großen Modekonzernen ankam: François-Henri Pinault, Chef des Kering-Konzerns, und Antoine Arnault, Vorstand von LVMH, luden James daraufhin zu einem Gespräch ein, in dem sie von ihm wissen wollten, wie die Branche besser und sicherer werden könne.

Das Resultat: Im September 2017, kurz vor den Fashion Weeks und kurz bevor die MeToo-Bewegung anfing, veröffentlichten die beiden Konzerne die *Charter on Well-being of Fashion Models*, die das Wohl der Models in den Mittelpunkt stellen und eine Verbesserung ihres Arbeitsalltags bringen sollte. Es hieß, alle zu Kering oder LVMH gehörenden Marken – beispielsweise Gucci, Saint Laurent, Bottega Veneta, Alexander McQueen, Brioni, Louis Vuitton, Givenchy, Céline, Kenzo, Marc Jacobs oder Fendi – müssten die Inhalte und Maßnahmen der Charta einhalten, etwa die Einführung einer ärztlichen Untersuchungspflicht, mehr Privatsphäre der Models und Schutz vor Übergriffen bei Fotoshootings und Shows.

Es durften außerdem keine Models unter 16 Jahren mehr für Erwachsenenmode gebucht werden, für Minderjährige sollten gesonderte Regeln gelten, zum Beispiel, dass sie immer eine Begleitperson brauchen; alle Models sollten die Möglichkeit bekommen, Beschwerden direkt beim Unternehmen einreichen zu können; die Größen 32 für Frauen und 42 für Männer sollten in Zukunft tabu sein (Damit waren übrigens französische Größen gemeint. In Deutschland wäre das die Frauengröße 30). Kering-Chef Antoine Arnault verkündete, wer sich nicht an die Regeln halte, dem würde die Zusammenarbeit gekündigt.

Die beiden Modeimperien gingen sogar noch weiter und veröffentlichten als Ergänzung die Website *WeCareForModels.com*, auf der Models Informationen und professionellen Rat zu körperlichen oder psychischen Problemen finden können. Unter anderem werden auf der Seite Ernährungstipps und Ratschläge zum Umgang mit Stress gegeben. 2019 kündigte Kering zudem an, ab

2020 überhaupt keine minderjährigen Models mehr zu beschäftigen.

Das alles scheint gut gemeint und ist vielleicht ein Anfang. Und trotzdem habe ich Fragen: Warum beschließt ein Unternehmen nicht sofort, keine minderjährigen Models mehr zu engagieren? Wenn die Einsicht, es sei falsch, Minderjährige zu engagieren, da ist, warum ändert man es dann nicht sofort? Warum sind immer noch Frauen weit unter der 36 auf den Laufstegen der Firmen von Kering und LVMH zu sehen? Warum bewerben sie ihre Kampagne und ihre Website nicht umfangreich?

Einerseits finde ich es gut, dass es die Kampagne und die Website gibt; dass sich die Unternehmen anscheinend im Klaren über die Probleme sind und gleichzeitig auch an die Eigenverantwortung von Models appellieren. Denn viele Missstände könnten aus der Welt geschafft werden, wenn Models ihre Rechte kennen würden.

Andererseits hatte ich bis vor der Arbeit an diesem Buch weder von der Kampagne noch der Website je gehört – und wen auch immer ich in der Branche frage, alle zucken nur mit den Schultern: »Nie gehört.«

Manchmal frage ich mich deshalb, wie viel von der Kampagne zu PR-Zwecken gemacht wurde und wie viel ehrlich gemeint war.

Soziale Medien und Diversity

Wenn es um die Arbeitsbedingungen für Models geht, dann haben die sichtbarsten Veränderungen der Branche in zwei Punkten stattgefunden: Erstens bieten soziale Medien den Models inzwischen viel mehr Möglichkeiten, für sich selbst einzustehen, laut zu werden, sich zu vernetzen, anderen Mut zu machen, sich gegenseitig zu empowern und Fehlverhalten erfolgreich an die Öffentlichkeit zu bringen.

Und zweitens tut sich etwas in Sachen Diversity. Viele Designer und Unternehmen sind inzwischen an einem Punkt, an dem sie das nicht nur zulassen, sondern sogar propagieren. Es gehört zum guten Ton, sich für Diversität einzusetzen. Wer das nicht macht, ist out.

Ich finde das gut, auch wenn ich mich frage, wie viel gemacht wird, um Aufmerksamkeit und gute Presse zu bekommen, ähnlich wie bei der Kering-LVMH-Kampagne. Aber was auch immer dahintersteckt: Manchmal zählt eben auch das Ergebnis.

Ich finde es auch gut und bemerkenswert, dass Cameron Russell, Sara Ziff, James Scully und all die anderen Aktivisten, die ich nicht genannt habe, Steine ins Rollen gebracht haben, auch wenn es manchmal kleine Steine sind, auch wenn sie manchmal schillernder aussehen, als sie sind.

Letztlich glaube auch ich an die Macht der Masse. Ich glaube daran, dass vor allem soziale Medien dazu beitragen, die Menschen für bestimmte Themen zu sensibilisieren, wodurch sich in der Modewelt etwas ändert – insbesondere in Bezug auf faire Behandlung, Solidarität, Missbrauch und Belästigung, finanzielle Transparenz und Diversity. Der Druck der Masse wirkt. Jede und jeder hat dort eine Stimme. Den Druck spüren dann nicht nur die Modehäuser und Agenturen, die Belästiger und die Machtmissbrauchenden, sondern vielleicht auch irgendwann die Gesetzgeber, um rechtsverbindliche Richtlinien zu schaffen und nicht auf freiwillige Selbstregulierung zu hoffen, die viel zu langsam voranschreitet – oder gar nicht erst stattfindet.

18. Der Weg zu mir zurück

Gesundheit ist ein Geschenk, mit dem man nicht leichtfertig spielen sollte. Das weiß ich heute mehr denn je. Manchmal braucht es für diese Erkenntnis – und entsprechende Veränderungen – aber einen lauten Knall. Oder zwei. Oder auch drei.

Ich dachte oft ans Aufhören und machte trotzdem weiter. Warum? Meine Kollegin Lina Scheynius beschrieb es 2014 sehr treffend im *ZEITmagazin*: »Es ist, als wäre das Modeln ein Liebhaber, der dich nur manchmal will, aber gerade oft genug, um die Hoffnung nicht aufzugeben. Eines Tages wird der Liebhaber mich sehen, wie ich es verdient habe, rede ich mir ein. Ich habe vor so vielen Leuten gestanden und habe so viele Reaktionen auf mich bekommen. Die positiven bewegen mich dazu, weiterzumachen. Die negativen auch, weil ich es den Leuten zeigen will.« Sie hat recht. Genauso ging es mir viele Jahre auch. Doch irgendwann passierten Ereignisse in meinem Leben, die mich Stück für Stück wachrüttelten, mich an meinem Tun zweifeln ließen und mir zeigten, dass ich alles, was ich habe – meinen Körper, meine Psyche, meine Beziehungen zu anderen Menschen –, kaputt mache, und zwar freiwillig.

Der erste Knall kam 2016 in Form von Prostatakrebs mit Metastasen im Sitzbein. Als hätte mein Vater nicht schon genug mit seiner Arthrose zu kämpfen gehabt, hatte er kurz vor Weihnachten die Diagnose bekommen. Für mich war es im ersten Moment unvorstellbar, dass er Krebs hatte. Für uns alle war es das.

Ich kannte den Tod: Seitdem ich denken kann, war er täglich Thema bei uns zu Hause gewesen. Als Pastorin und Seelsorgerin hatte meine Mutter etliche Menschen in ihren letzten Stunden begleitet. Es war also nicht die Angst vor dem Tod an sich, die mich belastete, sondern vielmehr die Gedanken: Was wird in der Therapie passieren? Wie verändert sich der Alltag? Wie lange ist Papa noch fit und selbstbestimmt? Müssen wir uns sofort verabschieden? Wird er Schmerzen haben?

Weihnachten verbrachten wir noch enger, bewusster und dankbarer miteinander, als wir es ohnehin schon taten. Wir wussten ja nicht, ob es unser letztes gemeinsames Weihnachtsfest war und wie lange wir noch miteinander spazieren oder essen gehen, Freunde treffen, Dinge genießen konnten.

Nach Silvester kehrte ich zurück nach Paris, wo ich damals gerade lebte, fuhr in der folgenden Zeit aber immer wieder nach Hause zu meinen Eltern nach Flensburg oder nach Hamburg, wenn mein Vater dort im Krankenhaus zur Behandlung war. Mit jedem Mal ging es ihm besser, doch mit jedem Mal veränderte sich auch sein Aussehen. Mein Vater sagte, daran seien die Hormontabletten schuld, die er nehmen müsse. Mir machte das Angst, doch ich beruhigte mich damit, dass sie ganz offensichtlich auch positive Wirkung zeigten und zu seiner Heilung beitrugen.

Sobald ich aber wieder in Paris war, fokussierte ich mich nur auf die Arbeit, meinen Sport und meine Diät. Vielleicht, weil es mich von den Sorgen zu Hause ablenkte, vielleicht aber auch, weil der Knall, den der Krebs ausgelöst hatte, noch nicht laut genug gewesen war.

Im Herbst 2017, meinem Vater ging es inzwischen viel besser und er brauchte keine Bestrahlung mehr, flog ich für einen Job von Paris nach Los Angeles. Von meiner Bookerin erfuhr ich vor meiner Abreise, eine gute Freundin und Kollegin von mir läge dort im Krankenhaus. Weil ich von meiner Freundin selbst nichts gehört hatte, war ich beunruhigt und fuhr direkt vom Flughafen ins Krankenhaus.

Wie sie da lag. So zerbrechlich, mit Flecken am ganzen Körper, die Augen geschlossen. Ihre Mutter war bei ihr und erzählte mir, dass es eine allergische Reaktion auf ein Medikament gewesen war, die ihre Krankheit ausgelöst hatte. In dem Zimmer standen überall Süßigkeiten und Snacks, weil die Ärzte gesagt hatten, sie müsse sehr viel essen, um ihr Immunsystem zu stärken und wieder auf die Beine zu kommen.

Sie sagten auch: »Wenn sie ein bisschen weniger gewogen hätte, hätte sie das nicht überlebt.«

Ich erinnerte mich an unsere Zeiten, in denen wir zusammengelebt hatten. Ständig hatten wir uns mit den anderen verglichen und uns gefragt, warum sie es schafften, so dünn zu sein – und zu bleiben –, und wir nicht? Immer war es die Hüfte, die zu breit war.

Genau wie ich probierte auch meine Freundin jede verdammte Diät aus, die ihr zwischen die Finger kam, bis sie irgendwann fast nichts mehr aß, weil keine von ihnen mehr Wirkung zeigte. Sie wurde dünner und dünner.

»Siehst super aus«, sagten sie in ihrer New Yorker Agentur.

»Viel zu dünn«, sagten sie in Mailand, als meine Freundin für die Shows dort hingeflogen war und keine einzige bekommen hatte.

Es will was heißen, wenn man in Mailand zu dünn für die Shows ist! Tatsächlich aber war meine Freundin nur noch Haut und Knochen und hatte tiefe, dunkle Augenringe. Und ich? Bewunderte ihre Disziplin und nahm ihr starkes Untergewicht nicht wahr. Ich war ja selbst so dünn wie nie zuvor.

In den drei Tagen, in denen ich in Los Angeles war, fuhr ich jeden Abend nach der Arbeit zu ihr ins Krankenhaus. Am zweiten Tag bot sie mir einen der vielen Schokoriegel an, die auf dem Tisch standen.

Stopp! Schokoriegel sind tabu.

In dieser Zeit machte ich nach wie vor übermäßig viel Sport und dachte Tag und Nacht über meine Ernährung nach. Doch dann sah ich meine Freundin, wie sie so zart und fragil auf ihrem Bett lag und mir einen Riegel hinstreckte. Ich war gerührt und ergriffen und im nächsten Moment unendlich wütend. Tausend Gedanken schossen durch meinen Kopf.

Diese Branche macht mich krank!
Willst du, dass dir das Gleiche passiert?

Ich dachte an meinen Vater, an meine Freundin, an mein soziales Leben, das keines war, weil ich so fixiert darauf war zu funktionieren.

Ich biss in den Riegel. Er schmeckte göttlich.

Als ich zurückflog, fingen wir an, uns gegenseitig Sprachnachrichten zu schicken, weil die Krankheit auch die Augen meiner Freundin angegriffen hatte und ihr Sehvermögen dadurch sehr geschwächt war. Ich erzählte von meinem Tag und sie von ihrem. Wir sprechen uns auf diese Art bis heute fast täglich.

Sie fing wieder an zu essen. Kilo für Kilo kamen ihre Lebensenergie und ihre Persönlichkeit zurück.

»Ich bin wieder ich«, hörte ich sie einmal in einer Nachricht sagen, und: »Ich hatte vergessen, wie lecker Kartoffeln und Bananen sind.« Sie sagt auch, diese Krankheit sei ihre Heilung gewesen, so paradox das klingt.

Ich ließ mich von ihr anstecken, traf mich mehr mit Freunden, stellte mein soziales Leben mehr in den Vordergrund, trank mal einen Wein oder aß ein Eis. Aber so richtig konnte ich das Modeln noch nicht loslassen. Auch dieser Knall war noch zu leise gewesen.

Im Januar 2018 fing ich an, die Pille zu nehmen. Meine Ärztin hatte mir dazu geraten, weil meine Östrogenwerte denen einer 50-Jährigen entsprachen. Ich schluckte die Pille mit großer Abneigung, hatte ich doch gesehen, was Hormone mit meinem Vater gemacht hatten. Doch sie halfen: Meine Periode kam durch sie wieder und mein Östrogenspiegel stieg. Andererseits fühlte es sich schlecht an, dass mein Körper in meinem Alter nur durch zugeführte Hormone normal funktionierte. Ich kannte ja den Grund: Unterernährung.

Zur gleichen Zeit fing ich an zu überlegen, was nach meiner Zeit als Model passieren würde. Ich konnte das ja nicht ewig machen. Immer mal wieder waren mir Jobs als Bookerin oder Modelscout angeboten worden, aber das kam für mich nicht infrage. Ich wollte dieses System nicht mehr unterstützen.

Dann kam mir ein naheliegender Gedanke: Wenn ich mich sowieso jeden Tag mit Ernährung beschäftigte, warum es dann nicht richtig lernen? Was braucht mein Organismus wirklich und was wird nur erzählt? Wie schaffe ich es, Körper und Geist ausgewogen und gesund zu ernähren? Auch meine Freunde fragten mich ständig nach Tipps: Wie schnell kann ich abnehmen? Wie viel und was und wann soll ich essen? Wo kann ich bestimmte Lebensmittel kaufen? Ich wollte Ratschläge mit gutem Gewissen geben können. Also beschloss ich, eine Fernausbildung als Ernährungsberaterin zu machen. So konnte ich nach wie vor überall arbeiten und parallel lernen.

Als ich meine Bücher bekam und anfing zu lesen, merkte ich, dass ich mich kaum konzentrieren konnte, und wenn, dann nur sehr kurz. Ich musste mehr essen, das stand fest. Je mehr ich lernte, desto bewusster wurde es mir. Und je mehr ich aß, desto leichter fiel mir das Lernen. Eigentlich war es logisch: Das Gehirn braucht Energie. Gleichzeitig war es unheimlich, das so deutlich zu spüren.

Alles, was ich las, ergab Sinn, auch, wie Hormone im Körper wirken und welche Rolle Ernährung dabei spielt. Die Pille, da war ich mir sicher, würde ich bald wieder absetzen können. Ich musste nur ein wenig zunehmen.

Wenn mich dann niemand mehr bucht,
dann ist das eben so.

Im August 2018 flog ich nach New York, absolvierte meine Castings, bekam aber nur noch wenige Jobs, obwohl ich immer noch sehr schlank war. Nur eben nicht schlank genug. Auch für die Fashion Weeks im September reichte es nicht mehr. Keine Castings, keine Recalls, keine Fittings. Keine Aufregung, kein High auf dem Catwalk. Ich verfolgte die Shows auf Instagram.

Was ich sah? Die ernsten Blicke meiner Kolleginnen beim Laufen, die freudigen Blicke danach. Dünne Arme, dünne Beine, Knochen: alle top in shape. Ich sah die Meldungen meiner Agenturen, wer alles gelaufen war. Ich sah die Storys meiner Kolleginnen auf Instagram, wie sie sich gerade show-ready machten und wie gut sie trainiert hatten. Ich las ständig die gleichen Wörter in den Posts: wake-up-coffee, juice, healthy diet, model-work-out, thankful, grateful, happy.

Was ich wusste? Wie die Wirklichkeit aussah. Wie viele Stunden sie einfach nur dagesessen und auf ihren Einsatz gewartet haben mussten oder von einem Job zum nächsten gehetzt waren. Wie gestresst sie sein mussten, wenn eine Show doch länger gedauert hatte und sie Angst hatten, zur nächsten zu spät zu kommen. Ich wusste, wie sich Ups und Downs jeden Tag abwechselten und wie sich das auf die eigene Stimmung auswirkte. Irgendwann kommt selbst die stabilste Seele bei dieser Achterbahnfahrt nicht mehr hinterher.

Was für eine Fake World! Die unterstützt du!
Für was? Ich halte das nicht mehr aus.

Ich setzte mich an den Schreibtisch und fing an zu schreiben: »I know I don't see myself anymore and I'm thinking about food and my body more than other people. But if I see this and I know how fucking hard it is to starve yourself because a person told you, you are going to be the next star and you enjoy that you don't get your period anymore because maybe you get a good show ...«

Die Worte sprudelten nur so aus mir heraus. Ich wollte nicht mehr mitspielen. Ich wollte darüber reden. Meine Geschichte erzählen. Ich kopierte alles in eine Instagram-Story und drückte auf Teilen. Meine Gedanken waren draußen.

Kurz danach hatte ich Dutzende Nachrichten in meinem Postfach:

»Unglaublich toll, dass du darüber sprichst und so vieles mal auf den Tisch bringst, was so viele insgeheim denken oder wie sie sich fühlen.«

»Same here ... So proud you are speaking up.«

»Auch bei mir gab es Dutzende Krisengespräche, wenn du abnimmst, bekommst du große, wichtige Jobs. Glaube, alle außerhalb der Branche haben auch keinen blassen Schimmer, wie schlimm es wirklich ist. Bewundere deinen Mut und deine Ehrlichkeit.«

»Ich bin auch Model, bin aber noch am Anfang und dieses Messen ist so schlimm.«

Ich war nicht allein.

Kurze Zeit später kam die *Frankfurter Allgemeine Zeitung* auf mich zu und fragte, ob ich einen Artikel über das, was in meinem Post stand, schreiben könne. Und ob ich das konnte! Am 17. Oktober 2018 bekam ich eine halbe Seite in der *FAZ* und die Nachrichten an mich hörten nicht mehr auf:

»Es ist illusorisch, was uns vorgelebt wird und als gesund und natürlich gebranded wird.«

»Ich bin schockiert über das, was du schreibst. Jeder weiß, dass die Branche heftig ist, aber dass es solche Abgründe gibt, hätte ich nicht gedacht. Alle träumen immer davon, wie ein Model auszusehen, ich auch. Instagram vermittelt heutzutage, dass jeder immer top aussieht und gestylt ist. Dein Artikel hat mir geholfen, das wieder ins richtige Licht zu rücken und dankbar zu sein, dass ich gesund bin.«

In der Zeit danach bekam ich immer weniger Aufträge. Ob es an meiner endlich gesunden Figur lag oder daran, dass ich meinen Mund aufgemacht hatte, weiß ich nicht. Ich bereue nichts davon. Im Gegenteil: Es war die größte Erleichterung, die ich mir vorstellen konnte.

Den letzten Knall hatte ich also selbst verursacht.

Anfang 2019, ich war gerade in Polen für einen Job, bei dem sich der Kunde beschwert hatte, ich sei nicht in shape, rief ich meine Frauenärztin an und sagte, ich wolle die Pille nicht mehr nehmen. »Dann musst du aber zunehmen, um deine Periode auf natürliche Weise zu bekommen«, antwortete sie.

Noch mehr zunehmen? Okay. Egal!

Da war mir klar, dass ich das unsichtbare Band, das mich immer zurück ins Business gezogen hatte, durchschnitten hatte. Ich war frei und wollte nur noch Abstand von all den Fashion-Leuten. Ich vermietete meine Wohnung in Berlin und zog zu meinen Eltern nach Flensburg.

Ab diesem Zeitpunkt hatte ich wirklich keine Jobs mehr.

Als ich das letzte Mal in meiner Agentur war, um mich zu verabschieden, traf ich beim Hinausgehen den Booker aus der Curvy-Abteilung. Als ich ihm sagte, dass ich jetzt aufhöre, antwortet er: »Was? Nein! Dann kommst du zu uns! Du bist perfekt, musst nur noch ein bisschen zunehmen.«

Bitte was? Zunehmen? Hört sich an wie das Paradies.

Kurz stellte ich mir vor, endlich wieder normal leben zu können, Freunde zu treffen, Familienfeste zu feiern, essen zu gehen, ja überhaupt richtig essen zu können und trotzdem die Möglichkeit zu haben, als Model zu arbeiten. Den Job mit Energie zu machen und nicht ständig Angst zu haben, die Klamotten am Set könnten zu eng sein. Es klang fast unwirklich. Ich zögerte.

Stopp! Denk nach! Warum muss es entweder Größe 34 bis 36 oder 42 plus sein? Warum nicht eine 38 oder 40? Ist das zu normal?

»Nein, danke. Mein Körper muss sich erst mal erholen«, antwortete ich und verließ die Agentur. Ich wollte meine Gedanken sortieren, in mich hineinhorchen, meinen Körper das richtige Maß für alles finden lassen. Ich wollte mein Handy auch mal zu Hause lassen können, ohne Angst, einen Job zu verpassen. Ich wollte über mich selbst bestimmen.

Ich fuhr zu meinen Eltern und blieb bei ihnen. Ich fing an, dieses Buch zu schreiben, und überlegte, wie ich Geld verdienen konnte. Durch einen Zufall landete ich in meinem alten Kindergarten. Ich mochte die Kinder und ihre Wahrhaftigkeit. Erst arbeitete ich zwölf Stunden in der Woche und machte parallel die Ausbildung zur Ernährungsberaterin fertig. Dann sollte ich jeden Tag kommen.

Zunächst war ich erstaunt darüber, wie viel zu essen die Kinder in ihren Brotdosen hatten und wie die Erzieherinnen ohne mit der Wimper zu zucken schon vor dem Frühstück Schokoriegel aßen. Aber klar: Die brauchten alle Energie! Die einen, um zu wachsen, die anderen, um diese anspruchsvolle Arbeit machen zu können.

In den Wochen und Monaten danach gab ich meinem Körper die Ruhe und Zeit, sich einzupendeln, machte Sport, ernährte mich gesund und akzeptierte, dass ich keine 36 mehr tragen konnte. Krisen gab es immer wieder, zum Beispiel als ich meine alte Lieblings-Boyfriend-Jeans anziehen wollte – also eine Hose, die sowieso schon sehr locker geschnitten ist. Ich bekam sie fast nicht über die Hüfte, aber dann – mit eingezogenem Bauch und viel Gequetsche – gerade so zu. Und obwohl ich mich kurz zuvor im Spiegel betrachtet und gedacht hatte: »Eigentlich bist du ganz schön schlank«, fühlte ich mich in diesem Moment richtig schlecht. Ich zog die Hose schnell wieder aus und versuchte mir klarzumachen, für was ich mich hier entschieden hatte.

Es dauert eben. Zehn Jahre verzerrte Selbstwahrnehmung heilen nicht in wenigen Monaten.

Meine Mutter merkte das. Oft sagte sie mir, wie schön ich sei, und erinnerte mich daran, wie ungesund mein Leben in all den Jahren gewesen war. Auch mein Bruder und meine Freunde halfen mir sehr, indem sie mir zuhörten. Mit meiner Mutter verbrachte ich die meiste Zeit, ging jeden Tag mit ihr ins Freibad oder am Strand spazieren oder kuschelte mit ihr auf dem Sofa, nicht wissend, dass das alles bald ein abruptes Ende haben würde.

Am 13. Dezember 2019 erlebte ich den schlimmsten Moment in meinem Leben. Im Kindergarten schaute ich kurz auf mein Handy, eine Nachricht: »Kannst Du früher nach Hause? Kuss Mama.«

Ich wusste sofort, dass etwas nicht stimmte, und rief sie an.

»Ich habe Bauchspeicheldrüsenkrebs mit Lebermetastasen in beiden Lappen.«

Ich brach zusammen. Das war schlimmer als alles, was ich je erlebt hatte. Es riss mir den Boden unter den Füßen weg, schlimmer noch als bei meinem Vater, weil ich wusste, was diese Diagnose bedeutete: keine Chance auf Heilung. Ich versuchte, stark zu sein und an die vielen Momente der letzten Monate mit ihr zu denken. Wie froh ich war, hier gewesen zu sein und nicht in New York, um einsam auf den nächsten Job zu warten.

Im neuen Jahr fing ihre Chemotherapie an und ihr Alltag und ihre Gesundheit veränderten sich schlagartig. Sie nahm rapide ab. Aus dem Haus konnte sie nur noch im Rollstuhl. Den Rest der Zeit saß sie in ihrem Sessel. Ich war an ihrer Seite, kochte, wusch ihr den Rücken, ging mit ihr an die frische Luft und arbeitete parallel weiter.

Manchmal sagte sie: »Schau, Anni, jetzt bin ich in shape«, und lachte.

Sie sagte aber auch: »Du musst weiterziehen.«

Ich wusste, was sie damit meinte. Tatsächlich hatte ich vorgehabt, im Frühling wieder nach Berlin zu ziehen. Aber ich blieb. Ich tat es gerne, auch wenn es eine große Aufgabe war, die mich oft viel Kraft kostete.

Gesundheit ist ein Geschenk. Das weiß ich heute mehr denn je. Ich setze sie nicht mehr aufs Spiel. Irgendwann werde ich meinen Weg weitergehen. Wohin er führt? Weiß ich nicht. Nur eines weiß ich: Ich gehe frei und selbstbestimmt.

19. Brief an eine Unbekannte

Liebe Unbekannte,
Du möchtest Model werden? Ich weiß ganz genau, wie sich das anfühlt. Ich kenne diesen Traum, über den Catwalk zu schweben, schön geschminkt zu sein, über rote Teppiche zu laufen, zu reisen, berühmte Menschen zu treffen, vielleicht sogar selbst berühmt zu werden.
Lange hielt ich meinen Traum geheim, aber mein Wille war da – und er war stark. »Ich werde das machen!«, dachte ich mir. Als andere sagten: »Das schafft sie nie!«, wurde mein Wunsch nur größer: »Jetzt erst recht.«
Ich möchte, dass Du weißt, es ging mir genau wie Dir. Aber hätte ich gewusst, was alles auf mich zukommt und wie Modeln wirklich ist, hätte ich nicht träumen müssen. Ich hätte der Realität ins Auge sehen können. Denn Modeln ist, was es ist: ein knallharter Job, in den man einfach reingeworfen wird. Ohne Vorbereitung und ganz allein.
Stell Dir vor, Du bist zur Fashion Week in New York und musst Dir mit vielen anderen Models ein Zimmer teilen. Du machst etliche Castings am Tag ohne jede Garantie, hast wunde Füße, kaum noch Kraft, aber keinen zum Reden. Du machst Schulden, weil das Leben in New York teuer ist. Dann schaffst Du Dein Ziel: Du läufst eine tolle Show, für die Du aber nicht bezahlt wirst. Und zu Hause? Sitzen Deine Freunde. Vielleicht feiert Deine beste Freundin ihren Geburtstag, zu dem auch

Dein Schwarm eingeladen ist. Aber Du bist nicht dabei. Du sitzt alleine in New York.
Später kommst Du nach Hause. Alle reden von der Feier, auf der Du nicht sein konntest. Sie zeigen Dir Fotos. Darauf: pure Lebensfreude.
Du hast auch ein Foto von der Show. Ist es das wert?
Jetzt versuche Dich zu fragen, für wen Du das alles tun möchtest. Für Dich? Und wenn ja, warum tust Du es Dir an?
Deine Agenten und Booker sind nicht Deine Freunde. Sie verdienen Geld mit Dir und wollen natürlich immer, dass Du nach New York oder Paris reist. Dort kannst Du berühmt werden, sagen sie. Aber sagen sie Dir auch, dass es dort Tausende gibt, die den gleichen Traum wie Du haben? Deinen Agenten ist es egal, wenn Du nicht zu einer Geburtstagsfeier kannst. Oder einer Hochzeit. Oder einer Beerdigung. In dem Moment, in dem Du nicht zur Verfügung stehst, verdient die Agentur kein Geld mit Dir. Sie denken nicht an Dich. Sie denken an sich.
Ich warne Dich vor Menschen, die sagen, Du sollst abnehmen. Sie denken nicht an Deine Gesundheit. Sie denken an ihr Geld.
Wenn es Dein unbedingter Traum ist, Model zu werden, versuche es, aber mach erst Deine Schule fertig. Tu es nicht nur wegen Deines Abschlusses. Tu es wegen all der Momente, Erinnerungen und Freundschaften, die unbezahlbar sind. Danach kannst Du immer noch mit dem Modeln anfangen. Lass dich nicht hetzen!
Liebe Unbekannte, bleib Dir immer selbst treu.
Pass auf Dich auf

Anni

Quellenverzeichnis

Farrow, R. (2017, 10. Oktober). From Aggressive Overtures to Sexual Assault: Harvey Weinstein's Accusers Tell Their Stories. *The New Yorker*. Online abgerufen unter https://www.newyorker.com/news/news-desk/from-aggressive-overtures-to-sexual-assault-harvey-weinsteins-accusers-tell-their-stories (21.04.2020).

Farrow, R. (2017, 21. November). Harvey Weinstein's Secret Settlements. *The New Yorker*. Online abgerufen unter https://www.newyorker.com/news/news-desk/harvey-weinsteins-secret-settlements (21.04.2020).

Farrow, R. (2019). *Catch and Kill: Lies, Spies and a Conspiracy to Protect Predators* (1. Aufl.). New York: Little, Brown and Company.

France, L. (2009, 7. Juni). »We might need to see you without your bra, he told me. I was 14. I didn't even have breasts yet«. *The Guardian*. Online abgerufen unter https://www.theguardian.com/lifeandstyle/2009/jun/07/sara-ziff-teen-modelling-fashion (21.04.2020).

Gutierrez, A. [ambragutierrez]. (2020, 11. März). Thank for this photo @luizcribeiro I feel so happy and it's like a heavy weight came off my chest I... [Instagram-Post]. Abgerufen unter https://www.instagram.com/p/B9m1UEHHX2D/ (21.04.2020).

Harvey Weinstein: Full transcript of the »horrifying« exchange with Ambra Gutierrez. (2017, 11. Oktober). *ABC News*. Online abgerufen unter https://www.abc.net.au/news/2017-10-11/harvey-weinstein-full-transcript-of-audio-with-ambra-gutierrez/9037568 (21.04.2020).

Mears, A. (2014, 20. September). Who Runs the Girls. *The New York Times*. Online abgerufen unter https://www.nytimes.com/2014/09/21/opinion/sunday/who-runs-the-girls.html (14.01.2020)

Model Alliance [modelallianceny]. (2019, 6. August). We stand in solidarity with over 100 models and @timesupnow to fight sexual harassment, assault, and trafficking. @victoriassecret will you... [Instagram-Post]. Abgerufen unter https://www.instagram.com/p/B005-xOJPv1/ (21.04.2020).

Moss, K. (2012) in: Kate Moss on Her »Years of Crying« Over Johnny Depp – and How She's Still a Total »Hell-Raiser« Behind Closed Doors. (2012, 31. Oktober). *Vanity Fair*. Online abgerufen unter https://www.vanityfair.com/news/2012/10/kate-moss-years-of-crying-johnny-depp (21.04.2020).

Mulkerrins, J. (2020, 3. März). I met Weinstein, I was taken to see Epstein – my life as a model. *The Times*. Online abgerufen unter https://www.thetimes.co.uk/article/i-met-weinstein-i-was-taken-to-see-epstein-my-life-as-a-model-5ndf2w52s (21.04.2020).

Open Letter to Victoria's Secret. (2020, 5. Februar). *Model Alliance*. Online abgerufen unter https://programforrespect.org/open-letter-to-vs (21.04.2020).

Peoples, L. (2017, 13. Oktober). Models Are Sharing Their Experiences With Sexual Assault Via Instagram. *Refinery29*. Online abgerufen unter https://www.refinery29.com/en-us/2017/10/176509/cameron-russell-instagram-sexual-assault-stories (21.04.2020).

Respect. A Fashion Industry Built On Respect And Accountability. (2018, 16. Mai). *Model Alliance*. Online abgerufen unter https://programforrespect.org/ (21.04.2020).

Riedl, A. (2018, 20. Februar). Kering und LVMH launchen die Website WeCareForModels. *Vogue*. Online abgerufen unter https://www.vogue.de/mode/artikel/we-care-for-models (21.04.2020).

Russell, C. [cameronrussell]. (2017, 12. Oktober). TRIGGER WARNING A brave model (and friend) reached out to me with her story today. She has asked to remain… [Instagram-Post]. Abgerufen unter https://www.instagram.com/p/BaKOU76gcvl/ (21.04.2020).

Russell, C. [cameronrussell]. (2017, 13. Oktober). Trigger warning. He complained I was rude. #MyJobShouldNotIncludeAbuse. [Instagram-Post]. Abgerufen unter https://www.instagram.com/p/BaKwJbBgmP-/ (21.04.2020).

Russell, C. [cameronrussell]. (2017, 13. Oktober). trigger warning #MyJobShouldNotIncludeAbuse. [Instagram-Post]. Abgerufen unter https://www.instagram.com/p/BaK8kvfgWY_/ (21.04.2020).

Russell, C. (2017) in: Cameron Russell on Her Experiences With Sexual Harassment: »I Did Not Consent to Any of This«. (2017, 13. November). *Glamour*. Online abgerufen unter https://www.glamour.com/story/cameron-russell-glamour-women-of-the-year-speech (21.04.2020).

Russell, C. [cameronrussell]. (2017, 14. Oktober). Trigger warning #MyJobShouldNotIncludeAbuse. [Instagram-Post]. Abgerufen unter https://www.instagram.com/p/BaO8RcmAPh-/ (21.04.2020).

Scheynius, L. (2014, 23. Oktober). Jung und schön. Und ganz schön unglücklich. *ZEIT magazin*. Online abgerufen unter https://www.zeit.de/zeit-magazin/2014/44/model-lina-scheynius (21.04.2020).

Scully, J. (2016) in: James Scully on Fashion's Bullying, Cruelty and Discrimination of Models. (2016, 5. Dezember). *The Business of Fashion*. Online abgerufen unter https://www.businessoffashion.com/articles/video/video-james-scully-on-fashions-bullying-cruelty-and-discrimination-of-models (21.04.2020).

Segran, E. (2019, 10. Dezember). The modeling industry is filled with exploitation – this labor activist is fighting back. *Fast Company*. Online abgerufen unter https://www.fastcompany.com/90430003/the-modeling-industry-is-filled-with-exploitation-this-labor-activist-is-fighting-back (21.04.2020).

Twohey, M., McKinley, J. C., Baker, Al., Rashbaum, W. K. (2017, 15. Oktober). For Weinstein, a Brush With the Police, Then No Charges. *The New York Times*. Online abgerufen unter https://www.nytimes.com/2017/10/15/nyregion/harvey-weinstein-new-york-sex-assault-investigation.html (21.04.2020).

Danksagung

An erster Stelle möchte ich mich bei Katrin bedanken. Für die vielen Gespräche, in denen wir gelacht und geweint haben und in denen ich mich geborgen gefühlt habe. Danke für die gute Zusammenarbeit!

Dank gilt außerdem der Agentur Graf und Graf, besonders Franziska Günther, die uns immer zur Seite stand und dieses Projekt überhaupt erst mit uns ins Leben gerufen hat.

Cici, Jacob Mohr, Kristian Schuller und Wolfgang Joop – danke für die Ehrlichkeit und das entgegengebrachte Vertrauen.

Und natürlich danke ich meiner Familie. Meinen Eltern, bei denen ich viel Zeit verbracht habe, als ich am Buch gearbeitet habe, und meinen Geschwistern, bei denen ich mir Rat geholt habe.

Ohne Euch wäre es nicht zu dem geworden, was es ist.

Anne-Sophie Monrad

Mein Dank gilt meiner großartigen Agentin Franziska Günther für ihre Unterstützung.

Ebenfalls danke ich Anne Tröst und Sven Michaelsen für ihre stets klugen Gedanken.

Und schließlich: Danke an meine Familie und meine Freunde. Ohne Euch wäre alles nichts.

Katrin Blum